本书受西北农林科技大学经济管理学院资助出版

中国苹果生产布局演变与优势评价研究

张强强　霍学喜　著

中国农业出版社

北京

　　本书得到财政部和农业农村部国家现代农业产业技术体系资助（编号：CARS－27）、国家自然科学基金项目"高价值农产品进口需求趋势、市场冲击与贸易政策规制研究"（编号：71573211）资助。

　　改革开放以来，农产品市场进入渐进性的改革进程，苹果等果蔬产品率先市场化。在产业比较效益驱动下，中国苹果生产区域不断扩张，产业较快发展，已成为世界上最大的苹果生产国和消费国。与此同时，由于中国苹果生产区域分布广泛且类型多样，加上区域资源禀赋与技术装备水平、市场发育与供求关系、政府产业支持政策等差异显著，导致苹果生产的空间布局不断演变。在此背景下，梳理改革开放以来中国苹果生产布局的时空演变趋势、空间集聚特征、集聚驱动因素、区域比较优势等，对推进农业供给侧结构性改革和促进乡村产业振兴、确保苹果供给与市场稳定、及时调整苹果产业政策与区域优化布局具有重要的现实意义。

　　本书从全国和省域两个视角系统梳理了苹果生产布局的时空动态演进趋势，运用地理分析方法和空间计量模型探究中国苹果生产布局集聚特征及其驱动因素，采用比较优势分析方法评价现阶段苹果生产布局的合理性，并在此基础上提出优化中国苹果生产布局的必要性、基本原则与政策建议。

　　本书分析了中国苹果种植区域逐渐扩大到全国22个省（自治区、直辖市）的过程，并梳理了渤海湾产区、黄土高原产区、黄河故道产区、西南冷凉高地产区和特色产区五大区域的苹果生产变化趋势。苹果生产经历了稳定期（1978—1984年）、速增期Ⅰ（1985—1991年）、速增期Ⅱ（1992—1996年）、速降期（1997—2003年）和饱和期（2004—2018年）五个阶段，技术驱动的单产提升是中国苹果增产的主要动力。苹果生产集中化水平和空间集聚程度虽然总体下降，但苹果生产格局正在向优势区集聚，苹果生产布局重心呈现"西移南进"特征，由渤海湾优势区向黄土高原优势区迁移，符合国家苹果产业布局规划和产业政策的目标导向以及区域种植业内部比较优势的变化趋势。在考虑空间效应的情境中，苹果比较收益、灌溉条件、交通运输、优势区域规划、"米袋子"省长负责制和气候灾害等对苹果生产布局演变产生了显著的影响。大部分省区呈现规模比较优势明显高于效率比较优势的特征，甘肃和河南等高投入-低产出区与山西、河北和辽宁等低投入-低产出区的苹果生产已不具有效益优势。可见，中国苹果产业发展过程中仍然存在因地制宜布局原则贯彻乏力、苹果生产效率总体较低、供给与需求结构性失衡等问题，凸显了优化中国苹果生产布局的必要性。在优化中国苹果生产布局时，应该坚持发挥区域比较优势、苹果效益导向和强化供给侧结构性改革的基本原则，改善苹果生产条件，在增强规划引导的同时要充分发挥市场配置资源的作用，促进苹果供需有效衔接。上述发现对优化与调整苹果生产布局和制度安排、稳定与提升中国苹果生产具有重要的参考价值，同时也能对苹果产业从业人员和关心中国苹果产业发展的人士以启迪。

黄季焜

北京大学　教授

北京大学中国农业政策研究中心　名誉主任

北京大学新农村发展研究院　院长

2022 年 6 月 1 日

改革开放以来，随着农业市场化改革推进，苹果产业率先进入市场化改革。在产业比较收益诱导下，中国苹果生产区域不断扩张、产业较快发展，苹果面积和产量分别从 1988 年和 1992 年开始持续居世界首位，中国已成为世界上最大的苹果生产国和消费国。全国苹果种植区域已扩大到 22 个省（自治区、直辖市），涵盖渤海湾产区、黄土高原产区、黄河故道产区、西南冷凉高地产区和特色产区五大区域。但随着城乡居民收入增加与生活水平提高，苹果市场需求结构升级加快，现有的苹果生产、供给模式难以适应新时期的市场需求变化，导致苹果产业发展面临供给总量与质量结构失衡问题。在高产量、高进口、高成本助推下，苹果产业供给侧结构性改革压力加大，凸显了优化中国苹果生产空间布局的必要性与紧迫性。由于部分区域苹果相对价格较高的溢出效应、产业精准扶贫方面的政策支持、农户理性选择的异质性等因素的存在，中国苹果非适生区和次生区的苹果种植面积扩张较快、产量比例上升过高，导致苹果产业总体发展质量下降，苹果生产的自然风险与市场风险被放大，苹果市场价格持续波动，因而亟须优化苹果生产布局、降低苹果生产风险和稳定苹果市场价格。同时，苹果产业已成为苹果主产区的重要支柱产业，在现有耕地资源逐年减少及后备耕地资源受到限制的情况下，要切实保障苹果主产区农村经济的持续稳定发展，关键是要充分发挥苹果生产的区域比较优势，优化生产布局，提高苹果综合生产能力和市场竞争能力。

基于上述背景，本书重点解决以下四个问题：第一，揭示中国苹果生产布局的演变规律；第二，分析影响中国苹果生产布局演变的因素及其作用机理；第三，评价现阶段中国苹果生产布局是否合理及存在的主要问题；第四，研究和设计进一步优化中国苹果生产布局的方案。基于上述四个方面的问题，本书通过梳理现有文献，总结有关农业生产布局和苹果生产布局的相关研究成果和研究方法。首先，运用描述性统计、对数平均迪式分解法、集中度指数、重心指标等方法，分析中国苹果生产的发展历程、增产动因与空间集聚特征。其次，基于产业布局理论、农业生产布局理论、农业区域要素理论和新空间经济学理论，构建中国苹果生产布局演变驱动因素的理论框架，运用传统面板数据模型和空间计量经济学模型实证检验各驱动因素对中国苹果生产布局演变的影响。第三，基于比较优势理论，运用比较优势指数综合评价各产区和各省区苹果生产的比较优势，分析其存在问题及原因。最后，在对中国苹果生产布局演变规律及其驱动因素和优势评价进行总结的基础上，提出优化中国苹果生产布局的必要性、基本原则与政策建议。

主要研究结论包括：

（1）中国苹果产能持续提升。改革开放以来，中国苹果产业发展迅速，在世界苹果产业和中国水果产业中均占据重要地位。从苹果生产的时序变化特征来看，中国苹果种植面积、产量和单产均呈波动增长趋势，且种植面积的波动幅度较大，苹果生产规模经历了稳定期（1978—1984 年）、速增期Ⅰ（1985—1991 年）、速增期Ⅱ（1992—1996 年）、速降期（1997—2003 年）和饱和期（2004—2018 年）五个阶段。生产技术进步驱动单产水平的提升是中国苹果增产的主要动力。

（2）中国苹果生产布局重心呈现"西移南进"特征。1978—2018 年，中国苹果生产布局在空间上持续扩张，导致苹果生产集中化水平总体呈下降趋势。与此同时，苹果生产格局向优势区集聚。其中，黄土高原优势区的苹果生产集中度持续上升且上升幅度最高，演变成为中国最大的苹果产区；渤海湾优势区逐步下降为中国第二大苹果产区；其他产区苹果生产地位基本稳定。中国苹果种植面积重心也由 1978 年的 115.24°E、37.06°N（位于河北省巨鹿县境内）移动至 2018 年的 110.16°E、36.44°N（位于陕西省延长县境内），总体向西南方向移动了 586.13 千米；苹果产量重心由 1978 年的 116.95°E、37.86°N（位于河北省南皮县境内）移动至 2018 年的 111.65°E、36.44°N（位于山西省灵石县境内），总体向西南方向移动了 609.40 千米。中国苹果生产重心呈现"西移南进"态势，由渤海湾优势区向黄土高原优势区迁移，符合国家苹果产业布局规划和产业政策的目标导向。

（3）中国苹果生产布局演变受多重因素影响。1978 年以来，中国省域层面的苹果生产空间自相关性显著，并呈波浪式演进趋势。苹果种植面积的空间集聚程度具有逐渐减小的变化趋势，苹果种植高集聚区明显向西南方向移动。在考虑空间效应的情境中，苹果比较收益、苹果有效灌溉面积、运输密度、苹果优势区域规划、"米袋子"省长负责制和苹果受灾面积对中国苹果生产布局演变具有显著影响。

（4）中国苹果生产的区域比较优势差异分化明显且布局总体合理。在产区层面，黄土高原优势区苹果生产的效率、规模、综合比较优势指数总体均呈上升趋势，且在五大产区中具有最明显的苹果规模优势；渤海湾优势区苹果生产的效率、综合比较优势指数变化呈"倒U"型趋势，但规模比较优势指数总体呈增长趋势；黄河故道产区苹果生产的效率、综合比较优势指数均有所上升，但规模比较优势指数略有下降；西南冷凉高地产区苹果生产的效率比较优势指数虽略有增加，但规模、综合比较优势指数逐步下降；特色产区苹果生产的效率、综合比较优势指数明显下降，但规模比较优势指数有所上升。在省区层面，陕西、山西和河南等中西部省区苹果生产的效率、规模、综合比较优势指数增长明显，中国苹果生产重心从渤海湾优势区向黄土高原优势区转移符合区域种植业内部比较优势的变化趋势。

（5）中国苹果生产布局仍需要进一步优化。部分省区的苹果生产效率与规模比较优势缺乏一致性，有些存在较大差距，大部分省区呈现规模比较优势明显高于效率比较优势的特征。部分传统产区苹果生产地位下降，即中国苹果主产省区基本格局相对稳定，但山东、辽宁、河北等省份的苹果生产地位有所下降，而陕西、甘肃等省份的苹果生产地位呈上升趋势。苹果产销的地域分异扩大，苹果生产与消费的区域不平衡性增强，苹果远距离物流、大规模运输格局难以改变。部分省区不具有苹果效益优势，生产成本与收益变化是促使中国苹果生产布局变化的真正动因。

（6）中国苹果生产布局优化需要多措并举。中国苹果产业发展过程中仍然存在因地制宜布局原则贯彻乏力、苹果生产效率总体较低、供给与需求结构性失衡等问题，凸显了优化中国苹果生产布局的必要性。在优化中国苹果生产布局时，应该坚持发挥区域比较优势，坚持苹果效益导向和强化供给侧结构性改革的基本原则，改善苹果生产条件，促进苹果供需有效衔接。

CONTENTS 目　录

第一章 导 言

一、研究背景

苹果是世界上主要的水果作物和高价值农产品之一，全球共有 96 个国家和地区种植苹果，主要分布在亚洲、欧洲和美洲。中国是世界苹果原生中心之一，在全球 35 个苹果种中，有 24 个源于中国（王金政等，2019）。苹果栽培在中国具有悠久的历史，且因气候和地理条件十分优越，中国的苹果生产能力不断提升。根据联合国粮食及农业组织（Food and Agriculture Organization of the United Nations，FAO）（以下简称 FAO）发布的数据显示，中国的苹果种植面积和产量分别自 1988 年和 1992 年以来一直处于世界领先地位，2018 年中国苹果种植面积和产量分别占世界苹果种植总面积和总产量的 45.55% 和 42.24%。

自 1978 年农村改革以来，随着农业市场化改革的推进，中国主要农业产区内及产区间的产品替代与整合、产业替代与整合趋势明显。在此背景下，产业比较收益机制驱动具有高价值属性的苹果率先进入市场化改革，成为中国 20 世纪 80 年代计划经济逐步放开的首批农产品之一（邓秀新，2018）。在城乡居民水果消费需求攀升和市场化改革深入的过程中，中国苹果产业快速发展，主要标志是苹果生产区域不断扩张，中国大陆地区共有 23 个省、自治区、直辖市（以下简称"省区"；为保持数据的一致性和可比性，本研究将重庆市数据并入四川省，研究省区数量变为 22 个）种植苹果，涵盖西南冷凉高地、黄河故道、特色产区、渤海湾、黄土高原等产区，并形成以山东、辽宁、河北三个省份为主的渤海湾优势区以及以陕西、甘肃、河南、山西四个省份为主的黄土高原优势区的空间分布格局（张聪颖等，2018）。苹果种植面积由 1978 年的 67.89 万公顷增至 2018 年的 193.86 万公顷，增长了 125.97 万公顷，年平均增长率为 2.66%；苹果产量由 1978 年的 227.52 万吨增至 2018 年的 3 923.30 万吨，增长了 3 695.80 万吨，年平均增长率为 7.38%。中国现已成为世界上最大的苹果生产国和消费国（白秀广等，2015；刘天军、范英，2012；袁斌等，2017），苹果也已成为促进苹果主产区产业扶贫、农民增收和地方经济发展的重要农业产业（张强强、霍学喜，2021）。

随着城乡居民收入的增加与生活水平的提高，消费者日益注重农产品质量安全、饮食健康与营养均衡，苹果市场需求结构升级加快，现有的苹果生产、供给模式难以适应新时期的市场需求变化，导致苹果产业发展面临供给总量与质量结构失衡问题（张强强等，2016）。主要表现为生产源头与市场需求脱节，苹果总量供过于求与高品质苹果供不应求并存，苹果产量的持续增长进一步加重了其产业供给侧压力；农业劳动力成本快速上升，促推苹果等劳动密集型产业生产成本增加，且质优价低的进口苹果总量持续增加，冲击和挤占国内苹果消费市场，在一定程度上对国内苹果供给产生挤出效应，部分苹果产区特别是非适生区"果贱伤农"问题频发等，即在高产量、高进口、高成本"三高"交融情境中，苹果生产的结构性矛盾凸显。从本质上看，出现上述问题的重要原因是苹果生产布局不合理，苹果生产的资产专用性强化了非适生区和次生区苹果生产的"锁定效应"。高昂的苹果生产沉没成本阻碍了苹果生产布局的优化，也对区域内其他产业产生挤出效应，苹果与其他大宗农产品在耕地资源利用上的矛盾日益明显，进而降低了区域资源的配置效率，导致苹果生产区域布局不协调、不均衡问题突出（宋哲等，2016）。苹果产业供给侧结构性改革压力增加凸显了优化中国苹果生产空间布局的必要性与紧迫性。

中国苹果产业发展进入新的历史阶段，供求关系发生重大变化。苹果产业虽然近年来有所发展，但产业层次仍然不高、资源要素亟待优化、产能结构亟须调整，苹果生产必须适应市场需求。为调整苹果生产结构，优化区域产业布局，农业部于 2003 年制定并发布了《苹果优势区域发展规划（2003—2007 年）》，于 2008 年出台了《苹果优势区域布局规划（2008—

2015年)》(以下简称《规划》),通过发布的苹果优势区域规划及配套的产业政策,苹果产业的区域集聚和社会资源的优化配置得到了有效引导。但受经济体制、制度机制、地方政府重视程度等因素的影响,《规划》执行过程中有效监管缺乏,导致其引导作用和效果受限,资源禀赋与生产实际相匹配的适地适栽原则贯彻不够,部分区域苹果相对价格较高的溢出效应、产业扶贫的政策支持、农户理性程度的异质性等因素诱导非适生区和次生区盲目扩大苹果种植面积,从而使非适生区和次生区的苹果种植面积与产量的比例过高。同时,非适生区和次生区的苹果生产条件与苹果质量相对较差,导致苹果产业总体发展质量下降,放大了苹果生产的自然风险与市场风险,苹果市场价格持续波动。

苹果生产布局仍存在产品结构趋于一致、部分优势区域的主导地位并未突出显现、处于供应链上下游的各产业之间的联系还不够紧密等问题,《规划》中原设定的产品功能定位和长短期发展目标与新时期苹果产业的发展需要存在矛盾。因此,精确识别和把握中国苹果生产布局发展现状与演变规律、准确评价其生产优势是制定新时代苹果生产区域布局规划、规制区域苹果产业规划执行和优化苹果生产布局的重要前提。

一方面,产业间、地区间苹果生产比较收益的差异以及外部环境的变化导致苹果生产区域布局发生转变,并且这些转变具有很强的复杂性与不可逆性(杨万江、陈文佳,2011),分析中国苹果生产布局的时空演变规律、评价中国苹果生产布局的适宜性已成为当前制定苹果产业发展规划的重要前提。要想在推进农业供给侧结构性改革和实施乡村振兴战略过程中准确把握和遵循苹果生产布局演变的深层次规律,就必须要在分析中国苹果生产布局演变规律的理论和方法上进行创新,从而更好地预测中国苹果生产布局的变化规律和支撑苹果产业发展政策的规划制定。另一方面,中国苹果产区分布广泛、类型多样,区域之间在要素禀赋、市场环境、政府支持等方面存在显著的差异,致使苹果生产区域结构不协调。如何在综合考虑区域多因素影响的条件下探究中国苹果生产布局演变的驱动因素,则需要运用系统性与综合性方法识别关键因素的影响方向与影响强度。此外,中国苹果生产区域比较优势演变导致苹果生产布局合理性和区域适宜性发生变化,要想在分析区域比较优势基础上考察中国苹果生产布局的合理性、挖掘苹果生产布局失衡的内在原因，则需要科学评价中国苹果生产布局的合理性，并设计优化中国苹果生产布局的政策方案。

基于上述分析，本研究拟解决以下四个问题：一是深刻剖析中国苹果生产布局的演变规律及其内在机理；二是全面解析影响中国苹果生产布局演变的驱动因素及其作用机理；三是综合评价中国苹果生产布局的合理性及其诱因；四是初步探索优化中国苹果生产布局的原则并提出政策建议。

二、研究目的与意义

（一）研究目的

本研究在总结中国苹果生产布局演变规律及驱动因素的基础上，评价现有空间分布的合理性，提出优化中国苹果生产布局的政策方案。以经济学、空间经济学、区域经济学、产业经济学理论为指导，定量描述在乡村振兴战略与农业供给侧结构性改革的背景下中国苹果生产布局的现状，利用时空数据分析方法揭示其演变特征；运用空间计量经济学方法分析促推中国苹果生产布局演变的驱动因素及其对中国苹果生产布局的影响方向与影响强度；运用综合比较优势指数评价中国苹果生产布局的合理性；在此基础上，进一步研究优化中国苹果生产布局的创新方案与路径。

具体研究目标设计如下：

（1）围绕中国苹果生产布局时空演变的规律与问题，分别应用典型指标描述法、指数评价法、空间重心分析法，分析与梳理中国苹果生产布局演变规律。在此基础上，分阶段、分产区揭示中国苹果生产布局演进的基本特征和值得遵循的重要规律。

（2）围绕驱动中国苹果生产布局演变的关键因素及机理，应用农业区域要素理论和新空间经济学理论，从理论上廓清影响中国苹果生产布局演变的主要驱动因素及其作用机理，并提出理论假设。在此基础上，运用空间面板数据模型检验理论假设，并解释原因。

（3）围绕中国苹果生产布局优势评价问题，结合关键驱动因素和苹果产业发展的实际情况，构建综合比较优势指数，评价中国苹果生产布局的科学性和合理性，并解释导致非适宜产区发展苹果种植的主要原因。

（4）围绕优化中国苹果生产布局，以本研究结果为基础，探索进一步优化中国苹果生产布局的基本原则与政策干预的切入点和导入机制。

（二）研究意义

本研究以中国苹果生产布局问题为研究对象，通过梳理文献，归纳国内外关于农业和苹果生产布局的相关研究成果，运用多种统计学和计量经济学方法剖析中国苹果生产布局演变规律。在此基础上，以产业布局理论、农业生产布局理论、新空间经济学理论、农业区域要素理论为指导，对影响苹果生产布局演变的主要因素进行实证分析，归纳总结影响苹果产业空间分布集聚的主要障碍及原因。基于比较优势理论，构建综合比较优势指数，对其布局合理性进行量化分析，提出优化中国苹果生产布局的思路和建议。

（1）理论意义。从理论上，本研究基于多学科领域相关理论，形成中国苹果生产布局演变及其驱动因素的理论支撑，从空间分布差异、重心演变轨迹、区域比较优势三个方面对中国苹果生产布局的演变规律进行总结和提炼，分阶段、分产区解释和揭示改革开放以来中国苹果产业区域布局演进的基本特征、存在问题及其成因，有助于深入理解和系统解构中国苹果生产布局的现状，形成有关农业生产布局的理论体系。本研究基于对中国苹果生产布局现状的理解，将影响中国苹果生产布局演变的主要因素纳入模型分析框架，重点分析资源环境、机会成本、基础设施、技术进步、消费需求、政策环境对中国苹果生产布局的影响机理，廓清影响中国苹果生产布局演变的主要动因，对于进一步优化中国苹果生产布局具有参考价值。基于上述分析，构建评价中国苹果生产布局合理性的综合比较优势指数，评估中国苹果生产布局发展质量，增强对中国苹果生产布局问题的判断力与解释力，为重新规划与优化中国苹果生产布局提供整体方案和政策，在理论上论证中国苹果生产布局的合理性。研究成果对于拓展农业空间经济学和农业生产布局研究具有理论意义。

（2）现实意义。从实践应用角度来看，本研究以问题为导向，针对中国苹果生产供给侧结构性改革与产业兴旺战略任务，分析由地区间工业化、城镇化进程及区域间经济发展水平等外部环境和资源禀赋差异引致的苹果生产空间分布格局的变化，归纳和剖析其演变特征及驱动因素。在此基础上，对中国苹果生产布局进行优势评价，其研究成果可以为国家制定科学有效的苹果生产规划和贸易政策提供理论依据、规划思路和规划方案，也可以为优化和实施全国性及区域性的苹果产业布局方案与监管政策提供决策参考。

从世界农业发展的经验看，区域化布局、专业化生产、产业化经营是现代农业发展的重要趋势。因此，分析和探讨中国苹果生产布局的演变规律及趋势，评价中国苹果生产布局的合理性，不仅有利于改善中国苹果产业结构，促进苹果产业提质增效，而且对建设现代化、规模化、特色化的苹果生产优势区，维持苹果生产的优势地位，保障中国苹果产业的长期可持续发展具有现实意义。

三、文献综述与评价

（一）农业生产布局演变规律研究

由于农业生产结构在地理空间分布上发生了重大变化，农业生产布局问题成为学术界长期、广泛关注的重要领域，现有文献拓展了关于农业生产布局的研究。20 年前东北、华北地区是中国农业生产力的核心集聚区域（郭玮，2000）。农业生产结构的空间分布表现出逐步集聚的趋向，重要农产品生产的区域专业化、集中化程度明显增强，特别是糖料、蔬菜、水果等经济作物（肖卫东，2013；贺亚亚、李谷成，2016）。

粮食安全关乎国计民生（黄季焜等，2012），其战略地位的重要性使多数学者重点关注水稻（杨万江、陈文佳，2011；唐惠燕、包平，2014；王嫚嫚等，2017）、玉米（陈欢等，2015；吕杰等，2016；Zhou，2016）等粮食作物的生产布局，研究中国粮食生产区域变动趋势、生产区域特征及其成因（吴建寨等，2015；闫旭东等，2017；何友、曾福生，2018）。如黄爱军（1995）较早发现全国粮食增长的中心区域具有向西北方向迁移的发展趋势；高帆（2005）对中国 29 个省区 1978—2003 年的粮食生产指数进行分析，发现中国粮食生产总体上呈现去"中心化"和向"边缘"区域转移的倾向；谭智心等（2012）认为中国粮食生产的空间分布特征是东北、中部地区逐步成为粮食生产的主要区域和重要集聚地。具体从三大主要粮食作物的生产空间分布格局来看，薛宇峰（2005）研究发现，中国三大主要粮食生产空间分布结构呈现稻米产区分散、小麦产区集中、玉米种植集中但产量分散的特点。邓宗兵等（2013a）研究证明南方地区水稻优势持续稳定、东北地区的水稻生产地位持续提升；北方和中部地区是重要的小麦产区；东北、华北和华中地区是玉米生产的集中分布区域。

受农业生产结构调整、市场需求多样化、农产品比较收益等因素影响，经济作物发展迅速，部分学者开始关注和总结棉花（朱启荣，2009；彭玉亮，2010）、花生（张怡，2014；周曙东等，2018）、马铃薯（刘合光、谢思娜，2013）、香菇（吴娜琳、李小建，2017）、油菜（程沅孜等，2016）、梨（耿献辉、周应恒，2010）、葡萄（郑小平等，2014）、香蕉（顾天竹、周启凡，2017）、柑橘（张有望、章胜勇，2016）、茶叶（肖智等，2017）、甜菜（苏文斌等，2016）等经济作物的生产布局演变规律。

近年来，伴随着跨学科理论的深度融合，重心理论在不同领域得到广泛应用，尤其是在人文社科领域，例如人口数量重心（刘娟，2007）、经济重心（徐国良等，2014）、产业结构重心（孟广文等，2017）等的移动路径逐渐受到关注。"重心"是物理学中的重要概念，1874 年，美国学者弗朗西斯·沃尔克第一次把"重心"的定义应用到社会经济学研究中，考察了美国西部人口密度重心的规律性变化。在之后的社会科学研究中，有部分学者使用重心理论来研究经济发展（丁焕峰、李佩仪，2009；Grether and Mathys，2010）、城镇化（Xiao et al.，2016）、城市群（陈志刚等，2007）等的重心分布及其迁移轨迹。

重心理论是区域经济学研究的热点问题，重心分析就是寻找某一属性在一定区域空间内各方向达到平衡的作用点。重心分析模型是用来研究某一属性的时空变化特征，涉及数量数据和矢量数据，其中，数量数据是某一属性的指标数据，矢量数据是和某一属性相关的地理坐标数据（聂雷等，2015）。因为各个区域的行政版图在一定时间区间内是保持不变的，因此某一属性重心的位置及位移与该区域该属性资源的地理空间分布情况有关（王鑫，2012）。将重心理论引入地理领域，有利于分析某一属性资源的时空变化轨迹。

随着重心理论的发展，空间重心分析逐步被拓展应用于农业生产布局研究，如肖智和黄贤金（2017）基于1984—2014年间长江经济带茶产能等指标数据，通过采用重心分析模型发现该区域的茶园种植面积重心以12.5千米/年的速度向西迁移，茶产量重心以15千米/年的速度向西迁移，并有进一步向西南方向迁移的趋向。聂雷等（2015）采用重心分析模型探析了1978年以来中国重要粮食作物的种植重心变化路径，发现中国粮食生产重心持续向东北方向移动，年平均移动距离为28.03千米。其中，稻谷生产重心以年平均移动距离20.61千米的速度向东北方向移动，玉米和大豆产量重心呈区间性震荡波动，小麦产量重心稳定徘徊。

苹果生产重心的空间动态演变过程也可以反映苹果生产发展的区域性差异。本研究借鉴已有研究成果的重心理论，运用ArcGIS软件绘制中国苹果种植面积和产量的重心移动轨迹（包括重心坐标、移动距离和移动方向），以此反映中国苹果生产布局的空间动态变化轨迹。

（二）农业生产布局演变驱动因素研究

关于农业生产布局演变驱动因素的研究成果较为丰富。由于农业生产最根本的特征是自然再生产与经济再生产相互交织，因此农业生产结构受到一系列因素的影响，例如自然地理条件、经济社会发展状况、要素投入结构、国家宏观政策等。

在自然地理条件因素方面，常用自然灾害发生次数、受灾面积、气温等指标来衡量。罗万纯和陈永福（2005）、陆文聪和梅燕（2007）、刘时东等（2014）将自然灾害因素纳入计量模型分析，结果发现自然灾害对粮食生产布局具有负向影响。徐海亚和朱会义（2015）通过考察1990—2010年间不同地理特征和气候条件区域的粮食集中度指数的变化发现，中国粮食生产中心正在向400～800毫米雨量带、中温带和暖温带、平原地区转移。近年来，随着气候变化问题的突出，气候对农业生产布局的影响作用逐渐显现，Basso等（2007）发现气候变化对玉米、小麦、大豆轮作生产空间格局具有显著影响；尹朝静等（2016）基于全国28个省区的自然气象和粮食产量等数据，针对自然气候条件的变化对区域粮食产量的影响进行了实证分析。此外，气温（陈欢等，2015）、年降水量（陆文聪等，2008）、日照时数（白秀广等，2015）等因素也是影响农业生产布局的重要因素。

在经济社会发展状况因素方面，通常采用人均国内生产总值、非农就业水平等指标来测度。Hubbell 等（2003）认为农业供应链中上下游产业发展状况和关联程度会影响农业生产布局。杨春和陆文聪（2010）将人均国内生产总值作为自变量，通过实证分析发现人均国内生产总值越高，县域粮食播种面积越低。关于非农就业机会，常用农民非农收入比例（徐萌、展进涛，2010）、非农就业人员比例（杨万江、陈文佳，2011）来衡量，钟甫宁和刘顺飞（2007）、邓宗兵等（2013b）、周曙东等（2018）认为中国农业生产布局受到非农就业水平的影响。

在生产要素投入结构方面，通常采用土地、劳动力、资本、技术等指标进行衡量。关于土地要素的测度大多采用人均耕地面积（伍山林，2000；刘合光、谢思娜，2013）、复种指数（邓宗兵等，2013b）等指标来衡量；关于劳动力要素的测度大多采用从事农业生产的劳动力人口数量、家庭劳动力的平均受教育年限、雇工价格（陆文聪等，2008）等指标来衡量；关于水利设施因素的测度大多采用水利灌溉设施状况（钟甫宁、胡雪梅，2008）、有效灌溉面积（杨万江、陈文佳，2011）来衡量；农业机械动力投入常用农业机械总动力（周曙东、孟桓宽，2017）、作物亩*均农业机械化作业费用（朱启荣，2009）来衡量；农业技术进步因素常用作物单产（陈欢等，2015）、时间序列（刘天军、范英，2012）来衡量。钟甫宁和胡雪梅（2008）、杨春和陆文聪（2010）、刘时东等（2014）将部分要素投入的影响纳入实证模型的自变量中进行深入讨论，结果表明中国农业生产布局的关键影响因素是要素投入结构。

另外，国家宏观政策因素也是影响农业生产布局演变的重要因素，众多学者对其进行了深入研究。朱启荣（2009）和谭晓艳（2020）研究了政策因素对棉花生产布局的影响；虞祎等（2011）探讨了政策因素对粮食生产布局的影响；贾茂辉和王桂霞（2012）、李俊茹（2019）分析了政策因素对中国肉牛生产布局的影响；Daniel 和 Kilkenny（2010）经过研究后得出国家惠农补贴等政策支持是影响农业生产布局演变的关键政策环境因素这一结论。

---

* 亩为非法定计量单位，1 亩＝1/15 公顷。——编者注

从本质上来看，农业生产布局是各种农业生产要素在一定空间区域内的组合状态，以上关于农业生产布局影响因素的相关研究为本研究分析中国苹果生产布局演变的驱动因素提供了重要的理论借鉴与实证思路。本研究重点从自然资源条件、经济发展状况、要素投入结构、市场需求变化、基础设施建设、宏观政策干预等六个维度考察影响中国苹果生产布局演变的关键驱动因素，测度相关指标变量，并运用空间计量经济学模型进行实证分析。

（三）农业生产布局绩效评价研究

关于农业生产布局绩效评价的文献主要集中在以下两个方面：

（1）关于农业生产布局适宜性评价的研究主要聚焦在绿色生产、休闲农业等领域。李建东等（2006）采用生态农业综合评价模型对辽宁省绿色食品生产布局进行研究，发现绿色食品产业开发应结合各地区生产现状进行分区布局。包风霞（2008）运用主成分分析和聚类分析对陕北黄土高原农村户用沼气区域适宜性进行评价，发现适合家庭户内使用沼气的区域有两个县，分别是延川县和宜川县；比较适合家庭户内使用沼气的区域有三个县，分别是洛川县、安塞县和吴起县；不适合家庭户内使用沼气的区域有两个县，分别是志丹县和黄龙县。刘梓函等（2018）的研究评价了苏州市畜禽养殖业空间布局的合理性，运用聚类分析方法将苏州市畜禽养殖业在空间分布上划分为禁养区、限养区、适养区三种类型。曹盼等（2013）通过使用因子分析的方法对中国 22 个地区休闲农业发展的适宜性进行评估，发现从总体发展现状来看，全国休闲农业空间布局的合理性程度都较低，并且东西部区域存在较大差异，具体来看，浙江、广东等东南沿海省份比较适合发展休闲农业，中西部地区在发展休闲农业方面存在较大困难。代振（2014）基于层次分析法和 ArcGIS 技术对重庆市休闲度假旅游区域布局的适宜性进行研究，发现重庆市休闲度假旅游地点更适合定位在三大区域，分别是重庆东南生态保护区、重庆东北生态涵养发展区和重庆城市发展新区。

（2）随着比较优势理论应用于农业经济学领域，一些研究采用了基于规模、效率、效益的综合比较优势指数来评价不同地区农业生产布局的比较优势。如龚立新（2019）基于比较优势指数评价了 1990—2013 年河南省 11 类主要农作物的生产布局，结果发现河南省农作物的种植比较优势除小麦外均受规模优势主导，布局最集聚的是烟、果、瓜、稻，这四类作物已经形成了显著的优势产区，但其在生产效率方面的比较优势不够显著；生产布局相对稳定的是玉米、小麦、稻谷和蔬菜；各类作物的非优势区逐渐退出生产，优势区的集聚程度进一步提高。崔爱琴等（2019）通过采用比较优势分析指数考察了山东省棉花生产布局，研究结果表明山东省棉花生产正在向具有比较优势的县区集聚，这一趋势是农户综合考虑棉花生产的比较收益、市场供求状况、经济社会发展条件等方面的影响之后做出的合理选择，有利于发挥各区域在棉花生产上的比较优势。肖海峰和俞岩秀（2018）通过采用综合比较优势指数对中国棉花生产区域的比较优势进行评估，结果表明由于各区域棉花生产的资源禀赋状况、经济发展水平和科学技术条件等存在较大差异，各产区在棉花生产上的比较优势分异明显，同时这种分异随时间推移具有显著的动态变化性；此外，按照比较优势原则对棉花产区进行分类发现，河北、山东和新疆是中国棉花生产的优势产区。

综上所述，关于农业生产布局评价的研究主要采用层次分析模型、因子分析模型、聚类分析、综合比较优势指数分析等，以上成果为本研究评价中国苹果生产布局的合理性提供了很好的方法借鉴。但从研究范围来看，学者大多关注畜牧业、休闲农业等领域的农业生产布局评价，对苹果等多年生经济作物的生产布局评价研究较少。农业生产布局合理性评价是优化农业生产布局的重要前提，只有厘清农业生产的适生区域，才能使区域资源得到有效利用，并使农业产业长足发展。

（四）中国苹果生产布局研究

与粮食等一年生农作物研究相比，学术界对苹果产业特别是中国苹果生产布局方面的系统研究关注不够。苹果产业是中国水果产业的重要组成部分，并且部分区域苹果产业发展较快，逐渐成为该区域的农业支柱产业和农民收入的主要来源。在此背景下，政府和学术界关注苹果生产布局问题，总体来看主要集中在三方面：

（1）关于苹果生产布局变迁特征研究。部分学者从全国层面展开分析，例如刘天军和范英（2012）对中国苹果主产区的空间分布格局演变特征进行分析，发现中国苹果生产空间布局正在逐渐向环渤海湾和黄土高原两个优势区调整，并具有"西移北扩"的区域内部调整趋势。白秀广等（2015）研究了中国苹果生产布局演变路径，结果表明中国主要的苹果生产区域具有由东部地区向西北地区的黄土高原和新疆地区移动的趋向，同时，各省区苹果栽植区域的边界线随气温的升高逐步向北迁移。张聪颖等（2018）考察了中国苹果生产分布区域演变的基本特征并得出结论，中国的苹果生产已形成以九个省区为主的区域分布格局，这九个省区分别是山东、河南、河北、辽宁、山西、甘肃、陕西、新疆、四川，苹果生产重心明显呈"西移"态势，而"北扩"趋势不太明显。

（2）关于苹果生产布局变迁机制研究。在探析中国苹果主产区生产布局变迁影响因素的过程中，刘天军和范英（2012）通过分区域使用面板数据模型，考察了20年间中国两个优势区苹果生产布局变化的关键驱动因素，结果表明受灾频数、粮食产能、科技进步、非农就业机会、市场状况、宏观政策等显著影响了环渤海湾和黄土高原产区的苹果生产布局，且不同因素对两大优势区的影响程度不同。袁斌等（2017）从微观层面分析了农户的生产决策行为对中国苹果生产空间分布演变的影响及其作用机理，结果表明苹果产业布局正呈现由东向西转移的趋势，其根本原因在于劳动力与土地成本的变动。张聪颖等（2018）通过采用面板数据模型进行实证分析，发现部分气象因子、自然灾害发生频数、水利灌溉设施状况、道路运输条件、科学技术因素、农业政策环境、苹果比较收益对苹果生产布局变迁具有显著影响，并且，影响不同地区苹果生产空间分布格局变动的因素存在显著差别。此外，在分析影响地区苹果生产空间分布格局演变的主要因素时，王彩峰和史建民（2017）通过分析山东省苹果种植面积的时空演变特征，发现山东省苹果主产区呈"东进西退、北进南退"的变迁特征。

总体上判断，区域间苹果生产的内生竞争效应（董子铭、刘天军，2016）、劳动力与土地成本的变动（袁斌等，2017；晏百荣等，2017；朱海燕、刘学忠，2019）、苹果生长的生态因子及产地环境（曲衍波等，2008；任丽等，2018）、气候变化（白秀广等，2015）、政策干预（张聪颖等，2018）等是推动中国苹果生产布局变迁的主要动因。

（3）关于苹果生产布局变迁效果研究。张复宏等（2017）测算了2000—2014年中国主要苹果生产地区的生产效率，利用莫兰指数对7个苹果主产省纳入环境因素后的全要素生产率（TFP）的空间自相关性进行了测度，结果发现包含环境因素在内的苹果生产效率值更小，且各主产省之间的环境全要素生产率存在显著的负空间相关性。其中，辽宁和河北 2 个省份的苹果产业发展与环境因素的协调性较弱；山东、陕西和甘肃 3 个省份的苹果产业发展与环境因素的协调性较强；不同省份苹果产业的环境全要素生产率在不同时期内的差异显著。冯晓龙和霍学喜（2015）研究讨论了存在面源污染的中国苹果生产效率及其空间分布特点，结果表明考虑环境约束时的苹果生产效率指标值显著低于未考虑环境约束时的指标值；东部沿海地区的苹果生产与生态环境的协调性比中西部地区更强；无论是在全局层面还是局域层面，中国苹果生产的 TFP 指数均呈现显著的正空间相关性，但这种空间相关特征在不同省份的表现存在明显差异。王伟新和魏金义（2017）认为苹果生产空间布局的趋势变动和季节性变动是导致苹果价格波动的主要原因。

综上所述，已有文献采用不同的研究方法，从不同空间尺度分析了不同时期中国苹果生产区域格局变迁特征，但由于研究的时间区间、数据处理方法、衡量指标选取等方面不同，其研究结论差异较大，且存在研究范围不够广、指标设计不全面、差异分析不深入等局限性，难以综合反映中国苹果产业自 1978 年市场化改革以来的生产格局演变及集聚特征。由于中国苹果产区分布广、类别多，在区域资源禀赋状况、市场供需关系、科学技术水平、基础设施建设、政府产业扶持政策等方面存在明显的差异，因而苹果生产区域结构不协调，生产地域格局波动较大。改革开放以来，中国苹果生产区域究竟具有哪些重要的空间演变特征？其动态演进趋势如何？什么因素促动这种演进趋势？这种演进导致的苹果生产布局是否合理？如何进一步优化苹果生产布局？现有文献尚未对这些值得关注的现实与学术问题进行深入挖掘。在苹果生产供给与市场需求关系发生重大转变的现实情境下，研究如何在推进农业供给侧结构性改革和实施乡村振兴战略的过程中确保苹果生产的稳定性与区域之间产销的平衡性、及时有效地调整苹果产业政策和优化苹果生产空间分布格局具有重要的现实意义。基于上述原因，本书将时间起点拓展至1978 年，从全国和省域两个空间维度分析中国苹果生产布局演变特征、驱动因素、优势评价，以期为调整和优化中国苹果生产布局及其制度安排、稳定与提升中国苹果生产水平提供科学依据。

（五）文献评价

通过梳理文献发现，国内外关于农业生产布局的研究较为丰富，并形成了值得借鉴的研究成果。例如，学术界在考察农业生产布局演变时的研究视角由平面空间转变为立体空间，将更多可能影响农业生产布局演变的因素纳入分析中，并持续拓展和趋于全面，在研究方法上也从单纯的定性分析向定性与定量相结合转变，这些成果在视角、思路、方法设计方面对相关研究的开展提供了重要的参考价值。但现有研究依然存在值得创新的方面：

（1）在研究内容方面，现有文献对农业生产布局演变规律的研究较多，对中国苹果生产布局的研究较为缺乏，部分关于苹果生产布局的研究也只是从某个维度分析，难以多角度把握中国苹果生产布局的演变规律。同时，关于优化苹果生产布局的研究大多是定性分析，缺乏对苹果生产布局优势评价的定量分析。因此，本研究将运用统计描述法、对数平均迪式分解法、生产集中度指数、重心分析模型等，分析中国苹果生产布局的演变规律；通过构建相关指数，定量评价中国苹果生产布局的区域比较优势。

（2）在研究视角方面，自然地理环境变动引致的气候变化、工业化与城镇化进程催生的非农就业机会等因素对中国苹果生产布局的影响日益凸显，而已有研究成果尚未综合分析不同层面的因素对中国苹果生产布局的多重影响。另一方面，现有的关于苹果生产布局的研究注重对某一空间维度的描述分析，对不同空间维度下苹果生产布局演变规律的探讨较为缺乏。因此，本研究从全国、产区、省域层面，分析不同空间维度苹果生产布局演变的差异性规律及其诱因；综合考察资源环境、机会成本、基础设施、技术进步、消费需求和政策环境六个方面因素对中国苹果生产布局演变的影响。

（3）在研究方法方面，学术界在分析影响苹果生产布局演变的因素时重视运用面板数据模型进行实证研究，未考虑各区域之间的空间互动效应对苹果生产布局演变的影响。同时，虽然有部分学者采用空间分析方法描述了苹果生产布局的统计学特征，但在实证研究过程中只采用面板数据模型，并未考察空间效应对苹果生产空间分布格局的可能影响。另一方面，现有的关于农业生产布局的研究更多集中于经济学分析，而较少有研究从新经济地理学、空间经济学等交叉学科和前沿学科角度构建计量模型进行实证分析。因此，本研究基于空间经济学、区域经济学、产业经济学等相关理论，构建中国苹果生产布局驱动因素的理论分析框架，运用纳入空间效应的空间计量模型实证检验各驱动因素的影响。

四、研究内容、研究方法与技术路线

（一）研究内容

（1）中国苹果产业发展历程与布局演变特征分析。从苹果产业发展历程、增产驱动因素、空间集聚特征、重心演变轨迹四个方面详细描述中国苹果生产布局的时空演变过程与区域特征。主要内容包括：一是从中国苹果生产的世界地位、国内地位、发展阶段、品种结构四个方面描述中国苹果产业的发展历程；二是运用对数平均迪式分解法比较种植面积和单产变化对全国及各苹果生产省区苹果产量增减的贡献大小；三是运用苹果生产集中度指数和基于空间洛伦兹曲线的苹果生产集中化指数，分产区、分省区、分阶段揭示中国苹果生产区域空间集聚的基本特征；四是基于重心理论，运用重心分析模型描绘中国苹果种植面积和产量重心演变轨迹。

（2）中国苹果生产布局演变驱动因素分析。基于相关理论及已有研究成果，梳理可能影响苹果生产空间分布格局演变的主要因素，分析各层面因素的影响机理，提出理论假设，综合采用面板数据模型和空间计量经济学模型实证检验各因素的影响方向和强度。

（3）中国苹果生产布局优势评价分析。在参考农业生产布局合理性评价相关研究的基础上，构建基于效率、规模的综合比较优势指数，对苹果生产的区域比较优势进行综合评价，并从影响苹果生产布局的重要驱动因素角度分析存在问题及原因。

（4）中国苹果生产布局优化与政策启示分析。根据中国苹果生产布局演变规律及其驱动因素以及优势评价的结论，提出优化中国苹果生产布局的必要性、基本原则与政策建议，为苹果产区制定苹果产业布局规划与监管政策提供参考。

（二）研究方法

（1）统计分析方法。关于农业生产布局演变规律的描述，现有研究主要采用描述性统计分析方法和空间统计分析方法。具体来看：第一种是基于作物种植面积与产量设计典型指标描述作物生产布局演变特征。例如，朱启荣（2009）采用 1980—2005 年中国主要棉花生产省区的棉花种植面积数据进行分析发现，棉花主要生产区域呈现由南方地区向北方地区、再向西北的新疆地区迁移的演变规律；陈欢等（2015）基于 1985—2012 年省域层面的玉米产能数据分析发现，全国玉米生产的重心明显向北移动，虽然北方地区和黄淮海地区都是中国玉米生产的最主要区域，但北方地区跃居中国最大的玉米生产区域，黄淮海地区退居第二大玉米生产区域。第二种是指数评价法，该方法采用综合指数核算作物生产布局演变规律，研究结论比典型指标描述法更加准确，现有研究主要采用集中度指数、比较优势指数等描述作物生产布局的变化特征。例如，赵颖文和赵剑（2020）运用产业集中率指数分析2000—2018 年中国粮食生产的空间集聚趋势，发现粮食生产的空间集聚程度在整体上不断提升，部分粮食作物向特定省区高度集聚；李红霞（2019）采用生产集中度指数和比较优势指数对甘肃省马铃薯在全国省域中的竞争力进行对比分析，发现甘肃省在全国马铃薯生产中的地位不断上升，且其马铃薯生产综合比较优势明显。第三种是重点考察作物生产布局演变时空性的空间统计分析法，该方法能够描述作物生产空间分布格局的变化轨迹、重要地理指标的移动方向、速度与距离等（程沅孜，2016）。例如，洪波等（2020）采用重心指标指数分析 2001—2018 年中国食用菌的空间分布格局变化，发现中国食用菌的重要生产区域逐渐由中东部地区向北部地区迁移；朱大威等（2020）运用空间自相关系数分析发现 2017 年江苏省蔬菜生产的综合比较优势在全局空间分布上呈现随机特征，在局域上具有高高值集聚和低低值集聚特征的县区分别有 7 个和 3 个。

综上所述，已有研究对农业生产布局演变规律的描述方法趋于综合化和科学化，从单一的典型指标描述法到多维的指数分析法和空间统计分析法，都对农业生产布局演变规律进行了科学总结。但现有关于农业生产布局演变规律的研究大多还只是停留在现象描述和定性分析上，缺乏对中国农业生产布局特征和变化趋势的定量分析，特别是缺乏对农业生产布局演变规律在地理空间上的定量分析。农业生产布局是表述产业时空变化特征和效率的概念，因此，研究农业生产布局应同时关注产业和时空维度的演变规律，需要综合应用统计分析方法和地理信息系统方法。

由于苹果生产布局在地理分布上存在空间关联效应，本研究通过分析中国 22 个苹果生产省区的苹果种植面积、产量、增产贡献率、集中度、生产重心、比较优势、产销距离等指标的变化情况，综合描述中国苹果生产布局演变规律。具体包括：①基于苹果种植面积和产量数据，运用对数平均迪式分解法、生产集中度指数和集中化指数，从产区、省域两个空间维度分析中国苹果增产动因、苹果生产区域集聚的变化规律。②基于中国地图坐标数据和矢量数据，采用重心模型和地理信息系统技术测算历年中国苹果种植面积和产量的重心坐标，结合 ArcGIS 软件等绘制面积和产量重心的移动轨迹，总结中国苹果生产重心时空演变规律。③基于水果及苹果的种植面积和单产数据，构建效率与规模相结合的苹果生产综合比较优势指数，分析中国苹果生产区域比较优势变动情况及其原因。④基于苹果产量和人口数据，运用苹果产销地理联系率和苹果区位熵指数，分析中国苹果生产与消费的空间格局变化趋势。

（2）计量分析方法。现有研究在分析农业生产空间分布格局变动的影响因素时，研究方法逐渐由定性分析转变为定量分析，并且定量分析从以面板数据模型为主向以空间计量经济学模型为主转变。当变量之间存在空间自相关时，空间计量经济学模型能够反映变量之间的空间关联关系，因而在研究农业生产布局演变的影响因素时，可以采用包含空间效应的空间计量经济学模型，其主要包括空间滞后模型（Spatial Lag Model，以下简称"SLM"）、空间误差模型（Spatial Error Model，以下简称"SEM"）和空间杜宾模型（Spatial Dubin Model，以下简称"SDM"）三种空间常系数回归模型（陈强，2014）。例如，肖卫东（2014）、贺亚亚和李谷成（2016）运用空间自相关分析方法对中国种植业地理集聚、行业时空关联性和区域专业化水平等特征进行分析，发现大部分农作物生产存在一定的地理集聚，并且在不同邻近模式下，大多数农作物均存在显著的空间自相关特征。陆文聪等（2008）运用基于面板数据的 SEM 模型分析了中国不同省区之间粮食生产的空间互动关系及其影响因素。杨春和陆文聪（2010）对比使用普通最小二乘估计（Ordinary Least Square，以下简称"OLS"）、空间自回归模型（Spatial Auto - Regression，以下简称"SAR"）和 SEM 模型，发现 SAR 模型的拟合效果更好，能够更加准确地估计各因素对县域层面粮食生产空间分布格局的影响。李致芳（2016）通过构建 OLS、SLM 模型和 SEM 模型分析安徽省谷物生产空间分布格局变化情况，发现在考虑空间效应后的模型比 OLS 的实证结果更好，其中，SEM 模型的拟合效果最好，这在一定程度上说明安徽省各县域之间的谷物生产存在空间关联关系。

本研究基于产业布局理论、农业生产布局理论、农业区域要素理论和新空间经济学理论，从资源环境、机会成本、基础设施、技术进步、消费需求和政策环境六个层面构建中国苹果生产布局演变驱动因素的理论框架，运用面板数据模型与空间计量经济学模型验证各层面因素的影响机理、方向与强度。

（三）研究思路及技术路线

本研究按照理论分析与实证分析相结合的思路，沿着"中国苹果产业发展阶段与生产布局演变特征→驱动因素→优势评价→优化方案"的逻辑推演路径，在梳理国内外相关研究成果和实地调研的基础上，采用典型指数描述法、空间重心法等方法，从苹果增产贡献因素、空间集聚特征、重心演变轨迹三个方面，综合分析中国苹果增产动因与空间布局演变规律。在此基础上，借鉴已有研究成果，梳理影响中国苹果生产布局的主要驱动因素，构建各驱动因素对中国苹果生产布局演变影响的理论假设，设计中国苹果生产布局演变规律实证检验模型和数据收集、处理方案，并进行实证分析。结合中国苹果生产布局演变驱动因素的分析结果和中国苹果生产发展的实际情况，构建中国苹果生产布局优势评价指标体系，选择合适的评价指标和评价方法对获取的资料数据进行处理分析。最后，以理论分析与实证分析结果为基础，说明优化中国苹果生产布局的必要性，并提出中国苹果生产布局优化的基本原则和政策建议。本研究所采用的具体技术路线如图 1 - 1 所示。

```
┌─────────────────────────────────────────┐
│            总体研究方案设计                │
│   结合中国苹果产业发展现状和已有研究基础     │
│   搜集文献并整理分析，确认研究主题与内容     │
└─────────────────────────────────────────┘
                    │
    ┌───────────────────────────────────┐
    │   中国苹果生产布局演变与优势评价研究   │
    └───────────────────────────────────┘
        │           │           │
   ┌────────┐   ┌────────┐   ┌────────┐
   │ 研究背景 │   │ 数据搜集 │   │ 文献综述 │
   └────────┘   └────────┘   └────────┘
```

中国苹果产业发展历程与布局演变特征

产业发展历程	区域演变特征	重心演变轨迹
世界地位　国内地位　发展阶段　品种结构	增产动因　集中度指数　集中化指数	种植面积重心　产量重心

中国苹果生产布局演变驱动因素

资源环境　机会成本　技术进步		消费需求　基础设施　政策环境

中国苹果生产布局优势评价

效率比较优势　规模比较优势　综合比较优势		生产规模指数　产销地理联系　苹果区位熵

中国苹果生产布局优化与政策启示

必要性	优化原则	政策启示

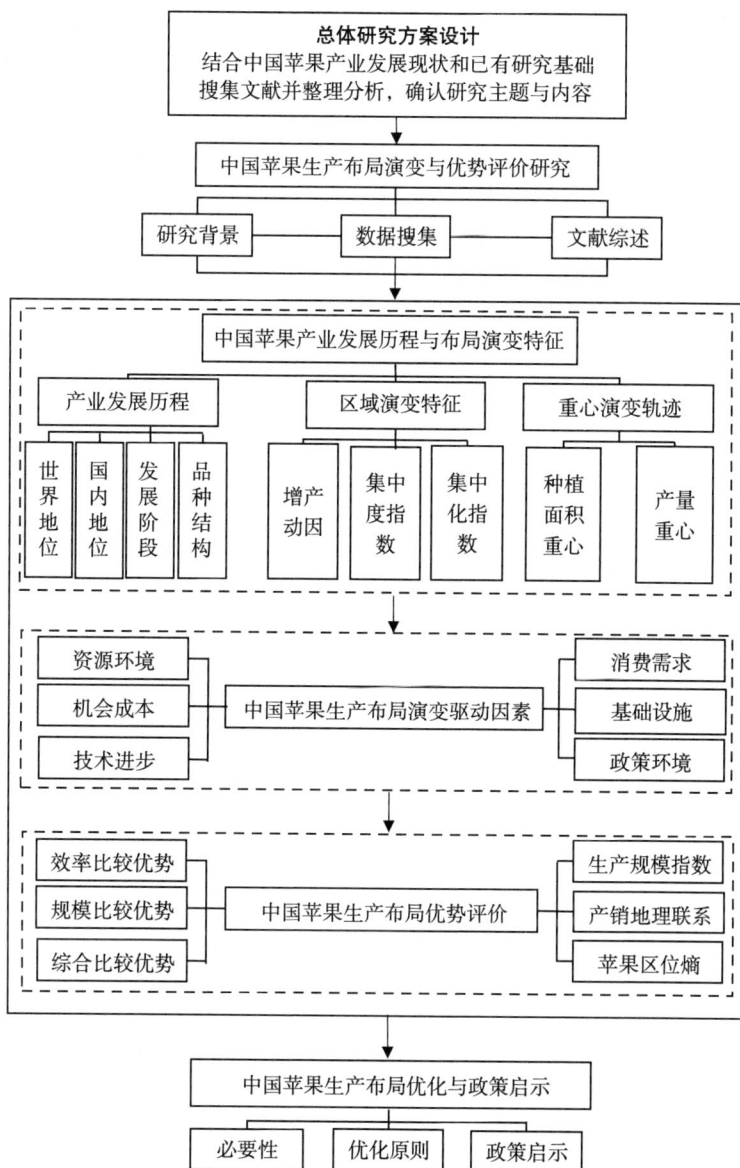

图 1-1　技术路线

五、可能的创新之处

本研究在借鉴国内外研究成果的基础上，综合多学科领域相关知识，建立中国苹果生产布局演变规律及其驱动因素的理论支撑。此基础上，构建评价中国苹果生产布局合理性的理论分析框架，深化对中国苹果生产布局规律和特征的认识，具有一定的理论意义和学术价值。同时，本研究在农业供给侧结构性改革和乡村振兴战略实施的背景下，研究中国苹果生产布局时空演变特征及驱动因素，并对中国苹果生产布局进行优势评价，对如何调整与优化苹果产业空间布局具有重要的现实意义。

本研究可能创新之处包括：

（1）应用多重指标（包括苹果增产贡献率、集中度指数、集中化指数、重心指数、比较优势指数、地理联系率和苹果区位熵指数等）、多种方法（包括统计分析方法、LIMD 分解法、空间计量方法等）对改革开放以来中国苹果生产布局演变规律、驱动因素、优势评价进行全面、系统地分析，并得到一致的研究结果，提高了研究结论的准确性。中国苹果生产经历了稳定期、速增期Ⅰ、速增期Ⅱ、速降期和缓增期五个发展阶段，技术进步驱动单产水平的提升是中国苹果增产的主要动力，苹果生产布局在经历市场化改革后渐趋稳定与合理，生产格局向专业化与地域分工方向演进，中国苹果主产区逐渐由渤海湾优势区向黄土高原优势区集聚，主产省区逐渐由沿海省区向西南方向的内陆省区迁移，苹果生产布局演变总体呈"西移南进"趋势。中国苹果生产空间布局集聚存在显著的空间自相关性，经济效益优势是中国苹果生产布局变动的关键因素，自然条件、基础设施、政策等约束条件对其影响明显。结合中国苹果生产布局存在的部分主产省区苹果生产效率与规模比较优势不一致、苹果产销地域分异扩大、部分主产省区不具有苹果效益优势等问题，考虑适地适栽原则贯彻不够、苹果生产效率总体较低、供给与需求结构性失衡等现实背景，中国苹果生产布局优化应坚持发挥区域比较优势、坚持苹果效益导向、强化供给侧结构性改革的基本原则，增强政策引导与规制作用，改善苹果生产条件，促进苹果供需一体化协调发展。

（2）采用引入邻接和地理距离两种权重矩阵的空间计量经济学模型，分析各层面因素的空间互动效应对中国苹果生产布局演变的驱动作用，增强了模型的解释能力，在弥补现有的关于苹果生产布局的研究较少运用包含空间互动效应的空间计量经济模型、忽视空间区域自然与社会经济发展条件的多重因素作用等不足的基础上，本研究构建了基于邻接空间权重矩阵和地理距离空间权重矩阵的空间计量模型，重点考察资源环境、机会成本、基础设施、技术进步、消费需求和政策环境多种因素对中国苹果生产布局演变的影响，以准确反映中国苹果生产布局的现实状况及其演变规律。结果发现，中国苹果生产布局空间集聚格局特征明显，该特征的形成受苹果比较收益、基础设施建设、政策环境等区域经济社会条件的影响大于地理气候条件。

第二章 相关概念与理论基础

一、概念界定

清晰界定学术研究涉及的关键术语的内涵与外延是进行研究工作的前提与基础。本书涉及的关键术语主要包括苹果生产、苹果生产布局、苹果生产布局演变规律与苹果生产布局适宜性评价，对这些关键术语的概念进行解释与阐述，可厘清后续研究的范畴与边界。

(一) 苹果及苹果生产

苹果属于蔷薇科亚科下的苹果属植物类别的大宗水果，富含矿物质和维生素，是全世界广泛食用的重要温带水果（张元元，2009）。目前苹果主要以鲜食为主，也有浓缩果汁、果酒、脆片等加工产品。苹果兼具多年生的自然特征与高附加值的经济属性，是一种要素投入较多、生产周期较长、市场风险较高的商品性农产品（屈小博，2008）。本研究所指的苹果主要是指未经深加工的鲜食苹果。

苹果生产是在适宜的土壤、生态、环境等自然条件下，农户利用苹果树的生长机制获取经济收入的一种农事活动（乔志霞，2018）。本研究将苹果生产界定为农户通过生产要素投入、果园日常管理、采摘运输出售等环节获取苹果收入的农业经营活动，该活动具有明显的季节性和周期性特征。

(二) 农业生产布局及苹果生产布局

农业生产布局是农业生产在一定区域内的空间分布状态，是生产力的空间组合模式和要素配置结构形式，具有一定的稳定性、渐变性和连续性（黄锐，2015）。农业生产布局是自然资源条件、社会经济因素和科学技术水平综合作用的一种结果，各层面因素的作用相互影响。其中，自然资源条件是农业生产布局的必要条件和物质基础；社会经济因素是农业生产布局优化发展方面面临的约束条件；科学技术水平是提高农业生产布局经济效益的重要手段，可以改变自然环境的限制，还会激发产生新的农业生产部门（高翔，2009）。合理的农业生产布局会使各层面因素达到一种最优结合状态，获得最佳的经济效益。因此，制定合理的农业生产布局方案应该综合考察各层面因素的作用关系，以期使各层面因素实现最优配置。

综上所述，本研究将苹果生产布局定义为苹果生产在一个国家或地区的地理分布状态，包括种植面积分布、产量分布及相关产业分布等内容，反映了苹果生产的空间形式，也是苹果生产力发展的空间分布。苹果生产布局受自然资源条件、经济环境状况、要素投入情况、产业技术体系支撑、政策环境、市场变动、基础设施等因素综合影响。

（三）农业演变规律及苹果生产布局演变规律

农业演变规律是蕴含在农业生产发展变化中的一种本有的普遍性联系，决定了事物发展变化的方向，在一定条件下可以重复出现，并且不可以人为改变其发展轨迹，具有必然性、客观性和永恒性的特征（帅国文，2000）。

基于此，本研究将苹果生产布局演变规律定义为苹果生产过程中所呈现出的地理分布规律，包括苹果种植面积演变规律、苹果产量演变规律、苹果生产重心演变规律、苹果生产效率及质量演变规律等。

（四）区域优势评价及苹果生产布局优势评价

区域优势评价是对拟采取的决策或行动、拟实施的计划或项目是否在区域内具有比较优势及其程度进行评价，包括评价期望和目标、理念和思路、方法和模式以及科学性、可靠性和可行性。区域优势评价需要根据区域内自然资源特征和社会经济属性，研究资源类型及匹配关系在某种用途上是否具有比较优势及约束条件，进而基于特定用途和目标对区域内各类资源的比较优势划分类型和确定等级（余卓亚，2014）。

本研究将苹果生产布局优势评价定义为评定苹果生产布局与特定农业区域资源禀赋之间的相对协调度和匹配度。如果相对协调度和匹配度较高，即将苹果生产布局在某特定农业区域资源禀赋情境中可达到苹果产量高、质量优、效率高的结果，可有效满足市场需求，并且可保持区域农业资源可持续利用等目标和效果，则在该农业区域布局苹果生产就具有比较优势，否则在该农业区域布局苹果生产不具有比较优势。可见，符合区域经济目标导向的苹果生产布局应该综合考虑区域自然资源环境、社会经济发展状况、技术支持保障、经营管理水平、产业支持政策等方面的区位条件，以便充分发挥区域农业资源禀赋的比较优势，实现比较高的区域苹果"投入-产出"效果。

二、理论基础

（一）产业布局理论

产业布局是促进区域协调发展的关键规制措施，是国家发展战略规划的重要内容，事关经济、社会、环境与安全等国家大局。科学合理的产业布局主要具有三方面功能：一是节约人力、财力、物力和时间，提高区域产业经济效益（胡安俊、孙久文，2018）；二是加速要素流动与技术交流，促进产业创新和大众创业（Glaeser et al.，2010）；三是发挥区域比较优势，构建"雁阵模式"，优化产业空间结构（Kojima，2000；蔡昉，2013）。此外，科学合理的产业布局还有利于保护生态环境、协调区际关系、缩小区域差距、促进社会公平等（吴传钧，2008；樊杰，2015）。

在区域经济学的众多理论中，产业布局理论是一个基础性研究领域，其重点考察某种产业在一定空间区域内的分布规律（刘再兴、祝诚，1988）。从产业布局理论的历史演进过程来看，由于新古典经济学的研究是建立在完全竞争和均质空间框架下的，未考虑产业空间分布格局非均质化条件下的可能影响（Starrett，2006）。为弥补新古典经济学的不足，改进理论使其更贴近现实，现代产业布局理论将产业空间分布格局非均质化条件下促生的空间异质性、外部经济、规模报酬等经济影响纳入理论分析中，形成三种产业布局研究范式。

第一种研究范式是将距离差异、技术禀赋差异、资源禀赋差异等空间异质性纳入完全竞争分析框架中（Young，1991；Stokey，1991；Duranton and Puga，2005）。基于各地到城市中心的距离差异形成产业集聚环，具有代表性的案例是杜能运用农业区位论考察城郊农业产业布局结构，运输费用、土地租金等差异所引致的空间竞争力造成城市由内及外的农业产业分布结构依次为蔬菜、小麦和牲畜（Fujita，2000）；基于每个区域不同产业专业化生产的比较优势形成不同功能区，从空间上更多表现为不同产业在不同区域的专业化布局，如跨国公司为了发挥各地的比较优势，在全球按照产业链进行功能分布（彼得·迪肯，2007）；基于成本最小原则形成原料指向、能源指向、劳动力指向等资源导向型产业布局，每个区域密集使用相对丰富和廉价的生产要素（胡安俊、孙久文，2018）。

第二种研究范式是将外部经济引入完全竞争分析框架中（Ellison et al.，2010；李二玲等，2012）。如 Duranton 和 Puga（2003）运用共享（Sharing）、匹配（Matching）和学习（Learning）框架（以下简称"SML"），从产业关联、劳动力匹配和技术溢出三方面进行分析，发现发挥产业关联效应和降低交易成本是产业集聚布局的主要原因；Hu and Sun（2015）根据外部经济类型（地方化经济与城市化经济），定量分析了制造业与城市匹配布局问题；Fujita 和 Ogawa（1982）讨论规模经济和运输成本对产业布局的影响，发现当规模经济收益高于运输成本时，产业布局呈集聚趋势，否则呈分散趋势。从本质上看，节约地理成本、时间成本和知识扩散成本等外部经济是产业集聚布局的最终目的，产业集聚通过竞争效应促进产品与管理创新，提高生产效率（Yang et al.，2013），同时对竞争力较弱的产业类型或经济主体产生挤出效应（Glaeser，2010）。

第三种研究范式是通过构建不完全竞争模型引入规模报酬递增与运输成本，形成包括均质、异质和可变替代弹性（Variable Elasticity of Substitution，简称"VES"）函数的新经济地理模型体系（Freshwater，1999；Forslid and Wooton，2010）。如 Krugman 的核心外围（Core Periphery，简称"CP"）模型认为本区域的市场效应和产品溢价是促使产业集聚的主要驱动力，而市场拥挤所造成的运营成本增加则会阻碍产业集聚。随着各区域间自由贸易程度的不断提升，产业布局会逐渐由均匀分布转变为"核心-外围"分布（Krugman，1991；Krugman and Elizondo，1992）。Monfort 和 Nicolini

（2000）以及 Puga（1999）分析了离散空间中多区域布局问题；Krugman（1993）考量了连续空间中多区域布局问题；Melitz（2003）和 Ottaviano（2011）分别将异质性分析引入动态产业模型和新经济地理，分别构建了新新贸易理论（New New Trade Theory，简称"NNTT"）和新新经济地理（New New Economic Geography，简称"NNEG"）；Behrens 和 Murata（2007）构建了持续绝对风险规避模型（Constant Absolute Risk Aversion，简称"CARA"），引入可加的拟分函数（Additively Quasi-separable Classes of Functions，简称"AQS"），讨论包含可变替代弹性函数的模型，只有存在竞争效应的生产函数是可加拟的 AQS 函数时，厂商为追求最佳的经济效益，在产品提高价格的同时会增加边际成本，也会导致同类企业的数量减少。

本研究所探讨的苹果生产布局属于农业产业布局范畴，包括苹果生产的空间分布与演变特征、集聚程度与趋势判断。在分析中国苹果生产布局演变规律及影响因素时，重点考察中国苹果生产布局的空间集聚程度及空间关联关系，并探讨各因素的空间互动效应对中国苹果生产布局演变的影响。

（二）农业生产布局理论

从本质上看，农业生产布局理论的基础性理论是生产布局理论，生产布局理论也叫区位理论，主要研究各种经济活动在不同空间上的分布规律，属于经济学和地理学的交叉学科（章胜勇，2005）。经济个体需要在一定的区域空间内才能产生行为活动，并且会形成一定的行动轨迹和空间分布，只有当这些行动轨迹和空间分布趋于合理时，经济个体才能获取较高的收益（张怡，2015）。由此可以发现，区位理论是在区域型社会分工和区际经济发展过程中应运而生的，其在演进过程中形成了三种阶段性理论：

（1）古典区位论。由约翰·冯·杜能（2011）提出的农业圈层理论从生产成本差异、产品供求关系等经济角度分析农业生产的空间分布格局，是区位理论的本源；阿尔弗雷德·韦伯（2011）提出的工业区位理论认为，工业布局应综合考虑运费和劳动费等重要区位因素，建设厂区时应选取能使产品生产成本达到最低状态的区域。

（2）近代区位论。沃尔特·克里斯塔勒（2010）提出的城市区位理论认为区域资源开发与城市空间分布格局是一个有机整体；勒施·奥古斯特（2011）在《经济的空间秩序》中提出市场区位论，将市场需求引入区位分析中，认为选择最优区位的关键是谋求最大的市场。

（3）现代区位论。随着社会经济活动的性质、范围和结构发生显著变化，学者们针对区位问题的不同方面展开研究，并形成了不同的区位理论学派，例如历史学派、市场学派等（孙久文，2010）。

农业生产布局理论作为生产布局理论的拓展理论，主要研究农业生产经营活动的地理分布特征。从本质上看，农业生产在地理空间上的分布是农业区域资源要素在空间上的动态组合（范英，2010）。农作物的自然属性决定农作物的栽培与生产必然受自然条件和区域资源的影响，并形成了自然约束型的农业生产空间分布格局。但农业生产技术的提高和基础设施建设的完善逐渐弱化了自然条件的限制，农业生产布局开始更多受到社会经济因素的影响（林正雨等，2019）。根据上述分析可以看出，苹果生产布局不仅受自然条件的影响，也受技术进步、基础设施等社会经济条件的限制（吕缙，2013）。

（三）新空间经济学理论

随着新空间经济学理论的发展，空间效应在生产布局中的影响逐渐得到关注和重视。为了克服生产布局理论忽视经济活动空间关联效应的缺陷，新空间经济学理论重点考察如何在空间分布格局上实现区域资源的优化配置，更多关注不同行业之间的经济行为在空间分布上的相互作用，其应用领域也逐渐拓展到国际贸易、农业经济等领域。新空间经济学理论的先行者保罗·克鲁格曼在研究国际贸易问题时，发现不同国家之间的商品贸易活动差异更多受到经济活动的空间区位影响，运输成本、历史环境、突发事件等均会对经济活动的空间集聚产生显著影响（Krugman，1991；Fujita and Krugman，2004）。

为了检验空间效应的存在，学者们开始尝试使用空间计量经济学进行实证分析，例如 Anselin 等（2008）通过构建纳入空间权重矩阵的实证模型进行分析，发现经济活动在空间分布上存在关联效应，也就是说经济活动的空间效应是真实存在的。因此，为了克服传统计量经济学模型忽视空间效应的不足，空间计量经济学开始更多检验经济活动中不同区域之间或不同要素之间的空间效应，从而能够有效降低估计偏差（虞义华，2015）。

新空间经济学理论为本研究检验中国各区域之间苹果生产的空间效应提供了很好的理论参考和方法借鉴。本研究也将结合经济学和新空间经济学的相关理论，分析中国苹果生产布局演变及其驱动因素。

（四）农业区域要素理论

农业区域要素理论的核心观点认为在一定时期内，自然气候条件、社会经济因素等区域要素禀赋共同作用于农业区域布局的形成与演变。区域要素禀赋是经济学的重要概念，是一个经济体拥有的各种生产要素的构成，包括气候条件、资源状况、市场环境、科技进步、宏观政策等多种区域要素。

具体来看，农业生产所需要的物质资料主要是自然资源，农产品的自然属性也要求农业生产必须布局在生长条件适宜的地区。可以看出，自然资源状况是农业生产空间分布格局形成和演变的基础条件（周新德，2009；张怡，2015）；社会经济因素是农业区域布局形成的决定性因素，市场效益、需求结构、基础设施、政策干预等社会经济因素决定了农业生产布局的形成与规模（朱有志、蓝万炼，2003；唐华俊、罗其友，2008）。

苹果生产布局不仅受自然资源的影响，同时也受市场需求、技术进步、交通条件、政策制度等社会经济条件制约，上述因素导致区域苹果生产比较优势各不相同，形成优势产区与非优势产区，并且随着自然资源分布和社会经济条件变化，区域苹果生产比较优势也会发生变化，进而导致中国苹果生产布局发生变动。

（五）比较优势理论

从本质上看，资源禀赋差异和区域比较优势是区际劳动地域分工和产业化分工的重要驱动力，也是农业生产区位形成和变化的主要原因（顾莉丽，2012）。区域比较优势是在区域要素禀赋基础上形成的（王刘坤、祁春节，2018）。比较优势理论是国际贸易领域的基本理论，该理论认为一个区域应该根据自身内在的区位优势发展经济和积累资本，解释了不同国家或地区之间的生产优势、产品贸易和经济联系，从本质上表达了国际分工的性质，为不同国家或地区寻求资源禀赋差异、发挥比较优势提供了理论指导。

比较优势理论的历史演进过程大致上可以分为以下三个阶段：第一阶段是基于比较成本的优势理论研究，主要包括绝对优势理论（Adam Smith，2012）、比较优势理论（David Ricardo，1821）、要素禀赋理论（Heckscher，1919；Ohlin，1933）；第二阶段是以需求为导向的优势理论研究，代表性理论包括约翰·斯图亚特·穆勒（2013）的相互需求原理、阿弗里德·马歇尔（2013）的供应条件曲线、林达尔（1963）的需求偏好相似理论；第三阶段是对比较优势理论的新拓展，在实践发展过程中，比较优势相关理论也在不断延伸应用范围，部分学者在此基础上发展了多种新贸易理论，例如协议性区域分工理论（小岛清，1988）、竞争优势理论（迈克尔·波特，1997）。

近年来，比较优势理论逐渐被拓展应用到农业生产布局领域，发挥区域资源禀赋比较优势是提高生产要素配置效率、实现区域之间合理生产分工的重要前提。因此，比较优势理论也是研究农业生产布局的理论基础。净贸易指数法是最先应用于农业领域的比较优势分析方法，后来又衍生了比较优势指数、要素比率分析法等多种测度指标（王金照，2011）。其中，比较优势指数法是研究区域产品生产优势的常用方法。

比较优势理论为苹果生产的合理布局奠定了坚实的理论基础。在苹果生产成本不断攀升和进口市场日趋开放的现实背景下，如何在激烈的苹果市场竞争中发挥区域比较优势、提高苹果生产比较收益、促进区域农业资源有效配置、提升苹果产业竞争力是亟须解决的实际问题。从本质上看，中国苹果生产布局演变的内在动力是各省区在苹果生产上的优势差距。本研究采用基于规模与效率的综合比较优势来测算各区域苹果生产的比较优势及其变化趋势，以此评价中国苹果生产布局的合理性。

第三章 研究区域与数据来源

一、研究区域

中国苹果产区分布广泛，但上海、浙江、福建、江西、湖南、广东、广西和海南8个省区的苹果生产在全国苹果生产中的占比接近0，并非苹果主产省区。因此，本研究的区域范围不包括上述8个省区，主要研究区域涵盖中国大陆地区22个苹果生产省区。在苹果主产区划分方面，本研究参考国家现代苹果产业技术体系制定的《中国苹果产业发展区划（2017年）》、农业部出台的《苹果优势区域布局规划（2008—2015年）》等文件资料，以省级行政区划为标准，将中国生产苹果的省区划分为五大区域。具体来看，这五大区域分别是渤海湾产区（包括山东、河北、辽宁、天津、北京）、黄土高原产区（包括陕西、甘肃、山西、宁夏、青海）、黄河故道产区（包括河南、安徽、江苏）、西南冷凉高地产区（包括四川（含重庆）、云南、贵州、西藏）以及特色产区（包括内蒙古、黑龙江、吉林、湖北、新疆）（张聪颖等，2018）。

2018年，黄土高原产区是全国所有苹果生产区域中种植面积最多的，占全国总种植面积的52.01%；渤海湾产区次之，占比为27.04%；黄河故道产区、特色产区和西南冷凉高地产区依次占比分别为8.80%、6.24%和5.99%（图3-1）。当年黄土高原产区、渤海湾产区、黄河故道产区、特色产区和西南冷凉高地产区的苹果产量占全国总产量的比重依次为43.21%、36.12%、12.22%、5.03%和3.34%（图3-2）。由上述面积和产量占比可知，黄土高原和渤海湾产区是中国具有苹果生产优势的主要区域，同时在世界范围内也具有非常重要的地位。

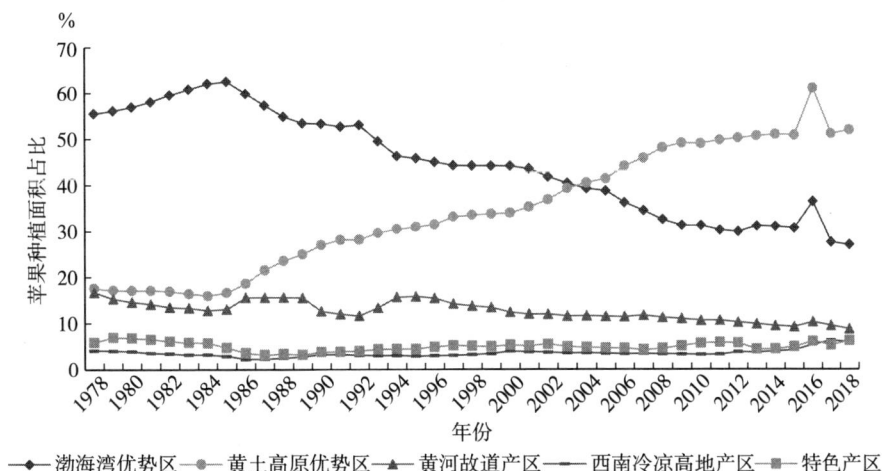

图 3-1　1978—2018 年中国各产区苹果种植面积占比

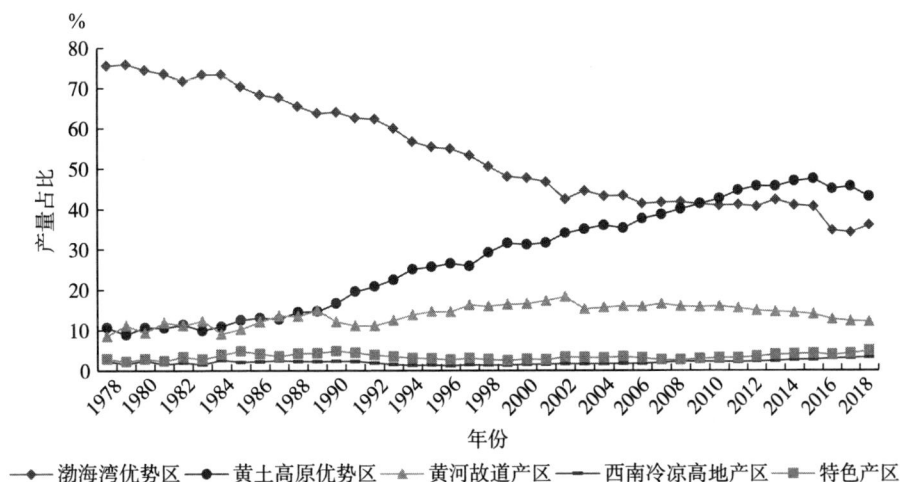

图 3-2　1978—2018 年中国各产区苹果产量占比

从《规划》中也可以看出，黄土高原和渤海湾产区是中国最适宜苹果生产的地区。其中，前者具备适宜苹果生产的 7 项自然生态指标，后者只满足6 项（张永茂等，2009），特别是黄土高原的西北地区得益于海拔高度较高，光照时间比较充足，昼夜气温波动幅度较大，适宜苹果生长，是中国高档苹果的主要生产区域（赵玉山，2016）。黄土高原及渤海湾产区在全国苹果种植和生产中处于绝对领先地位，2018 年两者的苹果种植面积总和占全国苹果种植总面积的 79.05%，产量占比为 79.33%。

二、研究区域基本情况与特征

（一）渤海湾优势区苹果生产情况与特征

渤海湾优势区域包括胶东半岛、泰沂山区、辽宁西南部分地区、燕山和太行山的浅山丘陵地区，覆盖 53 个苹果生产重点县。该优势区具有良好的自然区位条件，苹果栽培历史悠久，品种类型多样（许志强，2015），在苹果产业化方面的优势明显。具体来看，该区域有较多的苹果加工企业，并且产能和规模较大，产品市场营销水平较高，农业合作组织发展相对成熟，在苹果生产技术研发和推广方面的基础较好，果农经营管理素质和技术水平较高。

从品种分布特征来看，中国最大的晚熟苹果生产区域集中在该产区的沿海地区，苹果产量较高，且出口比重较大。中早熟品种大多种植于该产区的燕山丘陵地区、辽宁西部地区、泰山和沂蒙山地区，这些地区在苹果生长期时的高温天气有利于苹果提前上市；富士苹果主要集中分布在该区域的燕山、太行山浅山丘陵地区，这些地区的气候条件适宜，自然资源丰富，交通便利，苹果营销市场环境较好；以红富士苹果为主的晚熟品种主要种植于该产区的胶东半岛、辽宁南部地区及太行山浅山丘陵地区，这些地区苹果生产的主要目标市场是国内外高端水果市场，同时为满足国内和东南亚市场需求，也开发一些中晚熟品种。

渤海湾优势区是中国苹果栽培最早、生产水平最高的产区，2004 年以前是中国苹果种植面积最大的产区，2009 年之前是中国苹果产量最高的产区。其中，山东、河北和辽宁是渤海湾优势区的苹果主产省（图 3-3，图 3-4），这 3 个省份具有良好的出口条件，吸引外资的能力也较强，并且产业化发展优势明显。值得一提的是，山东烟台是中国最早种植西洋苹果的地区，后来其他苹果产区开始从烟台引进苗木并学习苹果生产技术，因此，烟台是中国苹果种植和苹果文化的发源地[①]。同时，烟台苹果以甜、脆、多汁的独特风

---

① 资料来源：农产品期货：佳果红腮香自来——苹果 https://mp.weixin.qq.com/s/nuxiv5uuhUtB5qoLuw7O0Q。

味在国内外享有盛誉，一直受到国内外市场的青睐，产品远销日本、韩国、新加坡、俄罗斯等十几个国家和地区。2020 年中国果品区域公用品牌价值百强榜中，烟台苹果以 145.05 亿元的品牌价值位列第一①。

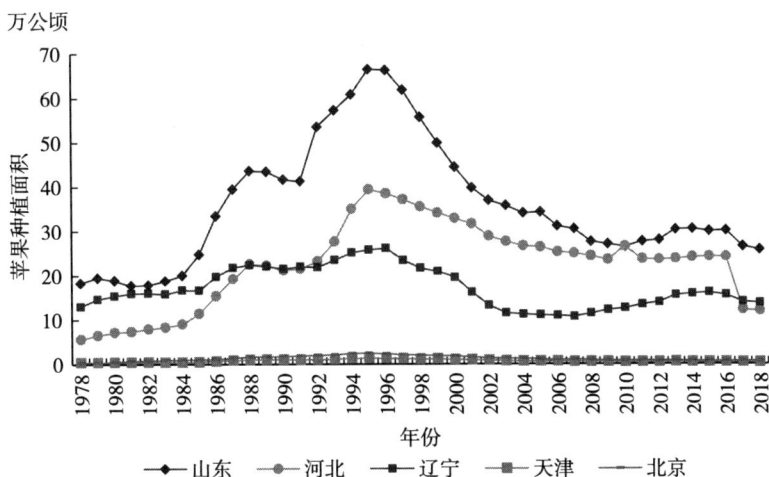

图 3-3　1978—2018 年渤海湾优势区各省苹果种植面积

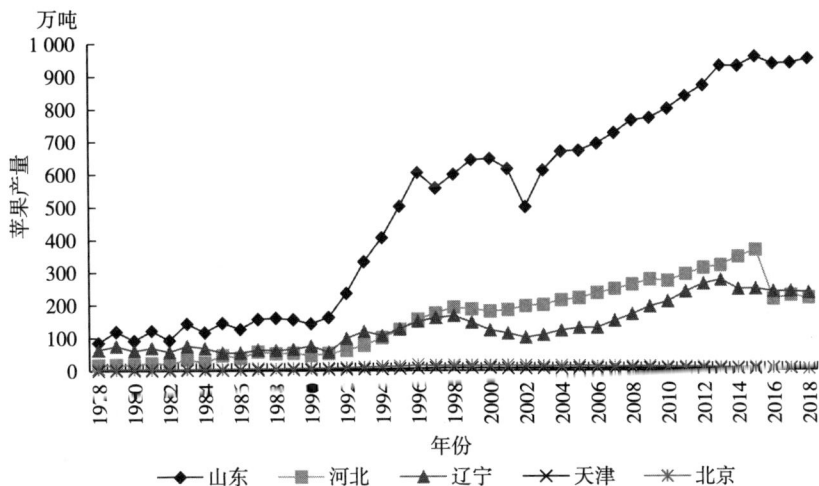

图 3-4　1978—2018 年渤海湾优势区各省苹果产量

① 资料来源：2020 中国果品品牌价值榜单发布 https：//www.maigoo.com/news/566436.html。

（二）黄土高原优势区苹果生产情况与特征

黄土高原优势区包括陕西的渭北平原和陕北南部地区、山西的中南部地区、河南三门峡地区、甘肃的陇东南地区，覆盖 69 个苹果重点县（邵砺群，2015）。该产区具有得天独厚的自然地理条件，对促进苹果生长和发展苹果产业十分有利（薛跳，2010）。从品种分布特征来看，黄土高原西北地区的大部分苹果生长在以陕西渭北平原为中心的区域，重点生产高品质晚熟品种苹果，且质量安全程度较高；甘肃的陇东和陇南地区及山西中部地区主要生产高品质"元帅"系苹果；加工品种类苹果的生产主要集中在海拔较低的地区。

作为黄土高原优势区苹果主产省的陕西和甘肃，1978—2018 年 2 个省份的苹果种植面积和产量总体呈增长趋势，且增长趋势明显（图 3-5，图 3-6）。其中，陕西是 FAO 官方认定的全球最有利于苹果生长的优势区域。陕西苹果种植区域的细碎化程度较低，大部分苹果都是连片规模化栽植，是世界上最大的连片种植苹果的地区。得益于优越的生态环境、地理区位和资源条件，陕西苹果具有优良的产品品质，这也促使陕西苹果产业迅猛发展，种植面积和产量增长幅度在全国最明显，比 1978 年分别增长了 10.17 倍和 100.68 倍，2018 年陕西苹果种植面积和产量分别为 59.76 万公顷和 1 008.70 万吨，分别占全国总量的 30.83％和 25.71％。近年来，为大力发展陕北山地苹果，陕西省实施"北扩西进"和"3＋X"战略，强化苹果在产业脱贫中的带动作用，不断加大品牌宣传推介力度，通过建立国家级苹果产业大数据助推苹果产业发展。陕西苹果产业发展势头持续向好，陕西苹果的规模、质量、品牌、市场占有率等居全国前列，陕西洛川、延安、咸阳、白水等区域的苹果品牌在 2020 年中国果品区域公用品牌价值百强榜中位居前列，陕西已成为中国苹果生产的第一大省，在中国乃至世界苹果产业格局中具有重要地位。甘肃的苹果种植面积和产量比 1978 年分别增长了 9.32 倍和 66.94 倍，在 2020 年中国果品区域公用品牌价值百强榜中，甘肃平凉金果、天水花牛苹果、秦安苹果、礼县苹果等区域苹果品牌价值均在 11 亿元以上[①]。

---

① 资料来源：2020 中国果品品牌价值榜单发布 https：//www.maigoo.com/news/566436.html。

万公顷

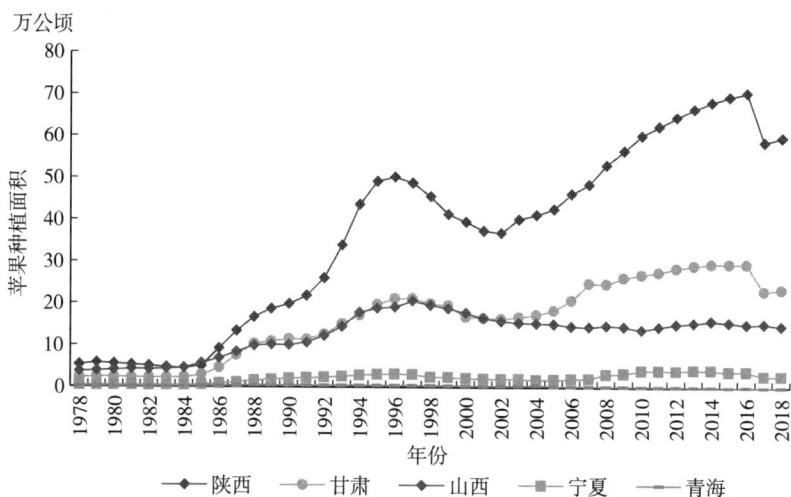

图 3-5 1978—2018 年黄土高原优势区各省苹果种植面积

万吨

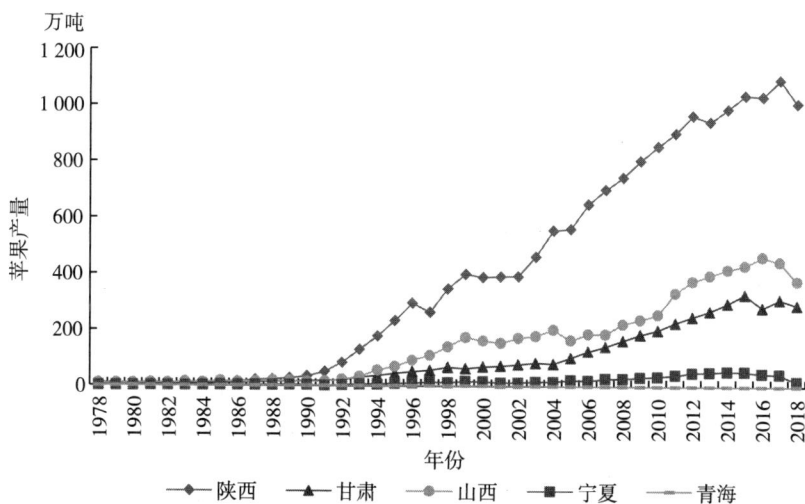

图 3-6 1978—2018 年黄土高原优势区各省苹果产量

1978—2018 年黄土高原优势区的苹果生产能力在波动中显著提高，其苹果产量在绝对数量上呈显著的上升趋势。具体而言，该产区的苹果种植面积在全国苹果种植面积中所占的比例从 10.63% 上升为 43.21%，上升了 3.06 倍；该产区的苹果产量从 1978 年的 24.19 万吨稳步上升到 2018 年的 1 695.30 万吨，增长了 69.10 倍。黄土高原优势区的苹果主产省陕西、甘肃和山西的苹果种植面积和产量总体呈增长趋势。其中，陕西和甘肃的苹果产能增加最明显，1978—2018 年 2 个主产省的苹果种植面积占全国苹果种植面积的比重分别由 7.88％和 3.34％增加到 30.83％和 12.09％，分别增加了 2.91 倍和 2.61 倍，苹果产量占全国苹果产量的比重分别由 4.36％和 1.89％增加到 25.71％和 7.43％，分别增加了 4.90 倍和 2.94 倍。

(三) 黄河故道产区苹果生产情况与特征

黄河故道产区包括豫东、苏北和皖北地区，该产区地势相对平坦，海拔较低，在气温、降水量等气象因子中只有部分指标达到适宜苹果生长的生态自然条件，土壤有机质含量较少，且碱性较强。该产区主要栽种的品种是红富士，果树的生长期持续时间长，同时幼树结果时间较早，果实与其他地区相比成熟较早（董强，2013）。根据苹果区划，黄河故道产区属于苹果生产的次适宜区。

1978—2018 年黄河故道产区的苹果产能基本保持稳定，虽然其苹果种植面积占全国苹果种植面积的比重由 16.70％下降到 8.80％，但其对全国苹果产量的贡献份额有所增加。黄河故道产区的苹果产量从 1978 年的 19.45 万吨稳步增长到 2018 年的 479.60 万吨，增长了 69.09 倍，占全国苹果总产量的比重从 10.63％增加到 43.21％，增加了 3.06 倍。黄河故道产区的苹果主产省河南的苹果种植面积在波动中略有增加（图 3 - 7），虽然其在全国苹果种植面积中的占比下降，但苹果产量总体呈增长趋势（图 3 - 8）。1978—2018 年河南的苹果种植面积在全国苹果种植面积中的占比从 13.39％减少到 6.66％，其苹果产量在全国苹果产量中的占比由 6.91％增加到 10.26％。

(四) 西南冷凉高地产区苹果生产情况与特征

西南冷凉高地产区主要涵盖川阿坝和川西地区、滇东北的昭通和宣威、黔西北的威宁和毕节、藏昌都的南部地区和雅鲁藏布江的中下游地区，该产区的海拔较高，地理地貌差异明显，年平均温度较低，年平均降水量偏多，大部分地区主要种植早熟品种（董强，2013）。由于该产区的苹果产能较低、产业化基础薄弱，因此其在苹果生产上不具有较大优势。

西南冷凉高地产区的苹果生产能力增长幅度较小，1978—2018 年其苹

万公顷

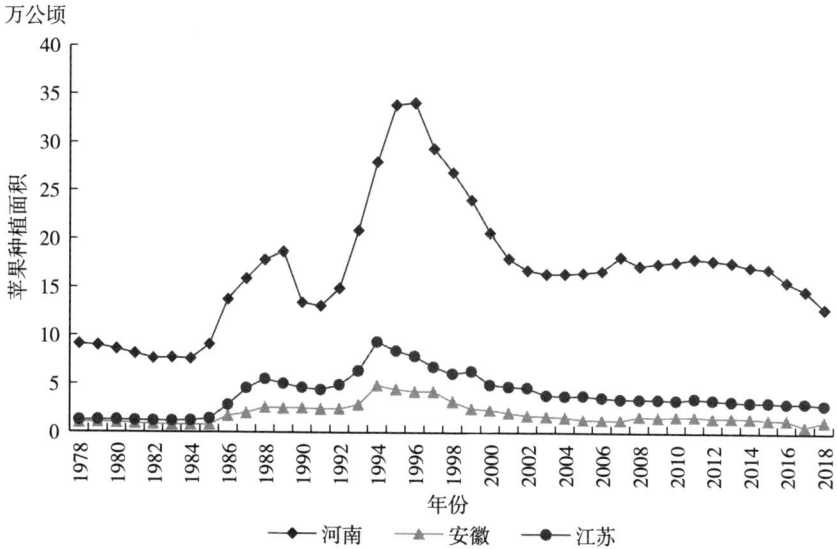

图 3-7　1978—2018 年黄河故道产区各省苹果种植面积

万吨

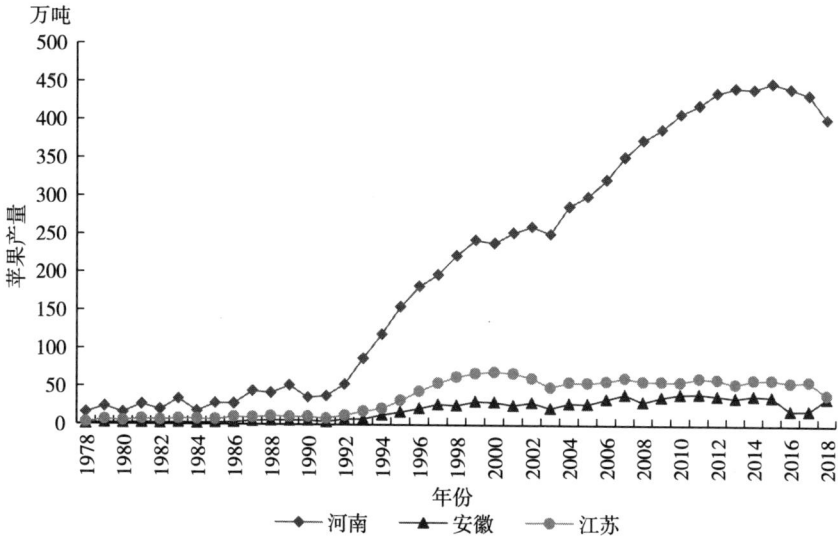

图 3-8　1978—2018 年黄河故道产区各省苹果产量

果种植面积在全国苹果种植面积中所占的比例从 4.08％上升到 5.99％；苹果产量由 1978 年的 5.35 万吨增长到 2018 年的 134.43 万吨，增长了 24.13 倍，占全国苹果总产量的比重从 2.35％增加到 3.43％。作为西南冷凉高地产区苹果主产省的四川和云南的苹果种植面积和产量总体呈增长趋势，

1978—2018 年 2 个主产省的苹果种植面积分别由 1.67 万公顷和 0.90 万公顷增加到 4.44 万公顷和 5.20 万公顷，分别增加了 1.66 倍和 4.78 倍（图 3-9），苹果产量分别由 3.68 万吨和 1.25 万吨增加到 73.00 万吨和 51.90 万吨，分别增加了 18.84 倍和 40.69 倍（图 3-10），是西南冷凉高地产区苹果产能提升的主要贡献力量。

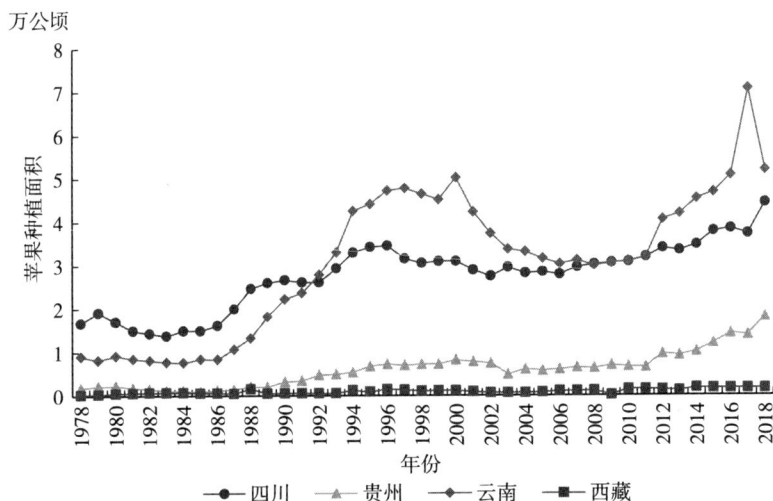

图 3-9　1978—2018 年西南冷凉高地产区各省苹果种植面积

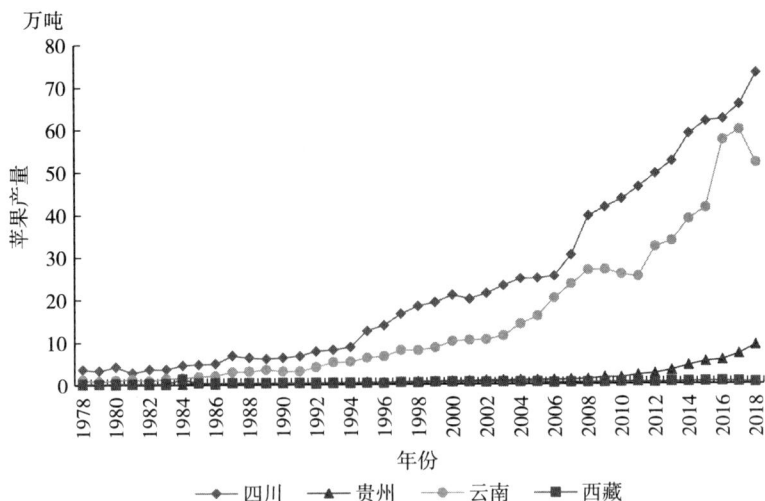

图 3-10　1978—2018 年西南冷凉高地产区各省苹果产量

（五）特色产区苹果生产情况与特征

特色产区包括新疆产区、黑龙江产区、吉林产区、内蒙古产区和湖北产区。特色产区苹果生产区域分布相对分散，苹果产能占全国的比重相对较低。其中，新疆产区是特色产区中主要的苹果生产区，阿克苏苹果是新疆产区具有地域特色的农产品之一，因外观美丽、果味甘甜等深受国内外消费者的喜爱。

1978—2018 年特色产区苹果生产能力有较小幅度的增长，其苹果种植面积在全国苹果种植面积中的占比从 5.85％增加到 6.24％；苹果产量从1978 年的 6.55 万吨增长到 2018 年的 197.30 万吨，产量占比也由 2.88％缓慢上升为 5.03％。特色产区的苹果主产省新疆的苹果种植面积和产量总体呈增长趋势（图 3-11，图 3-12），1978—2018 年新疆的苹果种植面积和产量分别由 3.97 万公顷和 4.06 万吨增加到 12.10 万公顷和 163.30 万吨，分别增加了 2.05 倍和 29.15 倍。

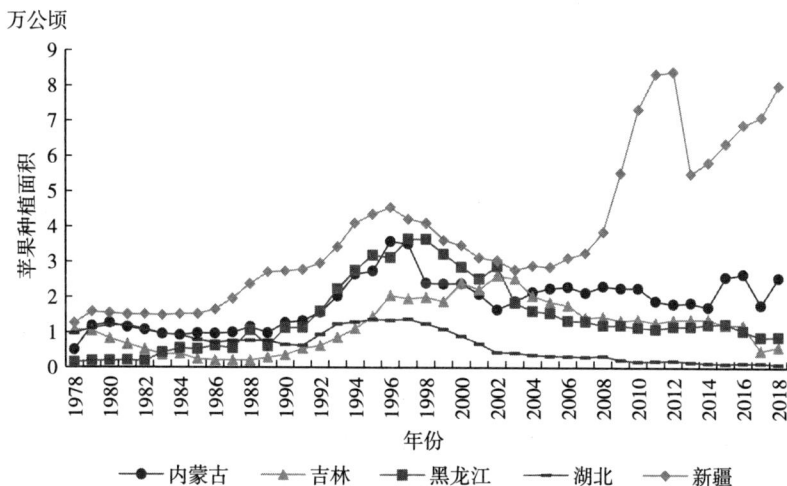

图 3-11 1978—2018 年特色产区各省苹果种植面积

综上所述，在中国五大苹果产区中，黄土高原产区和渤海湾产区是重要的优势产区，全国约 80％的苹果产能来自这两个优势区，其他产区的苹果生产地位基本稳定。其中，黄土高原是全国最大的苹果优势区，而渤海湾产区苹果产能优势地位逐渐下降。可以看出，中国形成了以黄土高原优势区为中心的苹果生产空间分布格局。

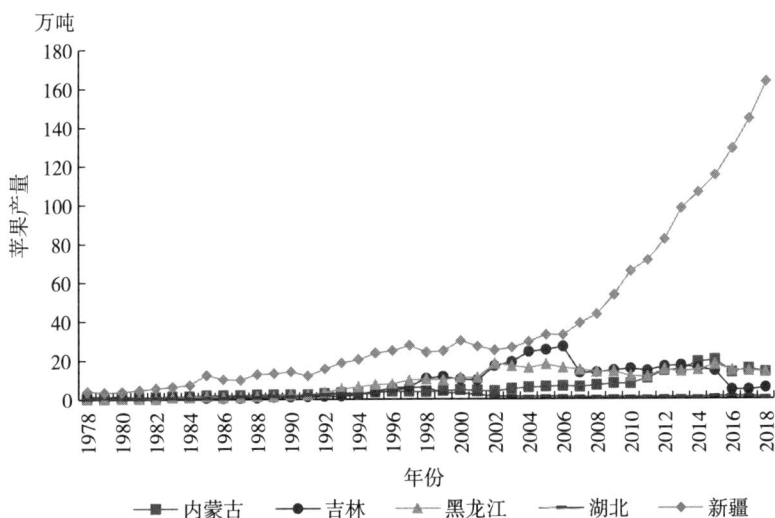

图 3-12　1978—2018 年特色产区各省苹果产量

三、研究尺度与数据来源

（一）研究尺度

已有相关研究主要是从宏观视角分析中国苹果生产布局问题，并以省级行政区作为空间单元来开展研究。一方面是因为国家及省级行政单元的统计数据在获取时相对全面和完整，同时，省级行政单位是苹果产业布局政策的重要制定者，从省级层面分析中国苹果生产布局演变规律及适宜性问题对其下一步完善苹果产业政策具有较强的指导意义。需要说明的是，以省级行政区作为样本单元虽然会使研究区域的覆盖面比较广，但以此得出的研究结果只能对全国及省级层面的苹果产业布局政策改进给予一定参考。另一方面，由于全国市县级层面统计年鉴的相关数据尚不完善，而研究涉及的数据指标较多，特别是全国市县级层面的统计年鉴对于苹果生产相关数据缺乏完整的统计，相关数据的缺失与不完整导致研究无法从市县级层面展开分析。

综上，考虑到研究数据的可得性和完整性，并且参考已有相关研究的空间尺度选择方式，本研究以省级行政单元为样本单位，基于全国 22 个苹果生产省区的相关数据研究中国苹果生产布局演变及适宜性评价问题。

（二）数据来源与说明

本研究所采用的数据为 1978—2018 年中国 22 个苹果生产省区的面板数据，主要通过国家现代苹果产业技术体系所属的各苹果综合试验站、地方政府相关部门、国家统计局及省级人民政府的统计年鉴、联合国粮农组织数据库、国家基础地理信息数据库、中国气象科学数据共享服务网等渠道获得。

具体来看，根据历年《中国农村统计年鉴》，并通过国家现代苹果产业技术体系所属的 26 个苹果综合试验站、地方政府相关部门获取全国及各省区的苹果种植面积和产量数据；根据历年《中国统计年鉴》《中国农村统计年鉴》《中国农业年鉴》以及《新中国农业 60 年统计资料》、省级人民政府历年统计年鉴获得全国及各省区的农业用地面积、耕地面积、农作物总播种面积和总受灾面积，以及有效灌溉面积、人口数量、农村劳动力人数、农林牧渔从业人员数量、农业机械总动力、铁路与公路里程数等数据；根据历年的《全国农产品成本收益资料汇编》，并通过 26 个苹果综合试验站、地方政府相关部门获取全国及各省区的苹果单位面积种植成本与收益、销售价格数据。中国苹果生产重心演变轨迹分析模型中所使用的坐标数据、中国地图的矢量数据均从国家基础地理信息数据库获取。通过联合国粮农组织数据库（FAOSTAT）获得世界苹果种植面积和产量数据。

为确保研究的精准度，本研究综合使用了国家现代苹果产业技术体系所属的 26 个苹果综合试验站、地方政府相关部门提供的苹果相关数据资料，和《中国农业年鉴》《中国农村统计资料汇编》、联合国粮农组织数据库、布瑞克农业数据库等公开数据资料，以规避不同数据资料因统计口径可能造成的偏误。

需要说明的是，本研究所用数据涉及中国大陆地区 22 个苹果生产省区，不包括上海、浙江、福建、江西、湖南、广东、广西和海南 8 个非苹果生产省（自治区、直辖市）。其中，因重庆市于 1997 年正式设立，为保持数据的一致性和可比性，本研究将重庆市数据并入四川省，因而本研究共涉及 22 个省区空间单元。在统计苹果生产成本与收益数据时，由于受统计数据限制，只统计了 1998—2018 年的苹果生产成本与收益数据。本研究所讨论的水果为园林水果，包括苹果、柑橘、梨、葡萄和香蕉。水果产量包括自给性和商品性在内的全部水果产量，并按鲜果重量统计。从国家测绘局①获取地图矢量数据，各省区的地理重心坐标为其行政管辖区域的几何中心，并以此计算 22 个苹果生产省区历年的苹果种植面积重心和产量重心。

---

① 国家测绘局网址：http://www.ngcc.cn/。

第四章　中国苹果产业发展历程与布局演变特征分析

一、中国苹果产业发展历程

苹果是世界四大水果之一，酸甜可口，富含矿物质和维生素，广受消费者的喜爱，素有"温带水果之冠"的美誉（党纳，2016）。中国作为苹果起源地之一，是世界上苹果属植物最丰富的国家（王小兵、李莉，2003）。

近年来，随着苹果产业政策支持力度的加大、苹果生产技术的提高和生产装备的升级，中国苹果果品质量不断提升，市场需求逐步扩大，进而推动中国苹果产业快速发展、产业化水平不断提高，苹果生产区域不断扩大，苹果产能持续提升。

（一）中国苹果生产的国际地位

从全球苹果产业视角分析，世界上有 96 个国家和地区种植苹果（FAO，2020）。得益于悠久的生产历史和优越的气候地理条件，中国苹果生产发展迅速，现已成为世界上最大的苹果生产国。

根据联合国粮农组织数据统计，中国苹果种植面积和产量分别自 1988 年和 1992 年以来持续居于世界首位。1978—2018 年中国在世界范围内的苹果生产地位总体呈波动上升趋势，种植面积和产量的占比分别由 1978 年的 17.30％和 7.06％增加至 2018 年的 42.24％和 45.55％（图 4-1，图 4-2），年平均增长率分别为 2.26％和 4.77％。

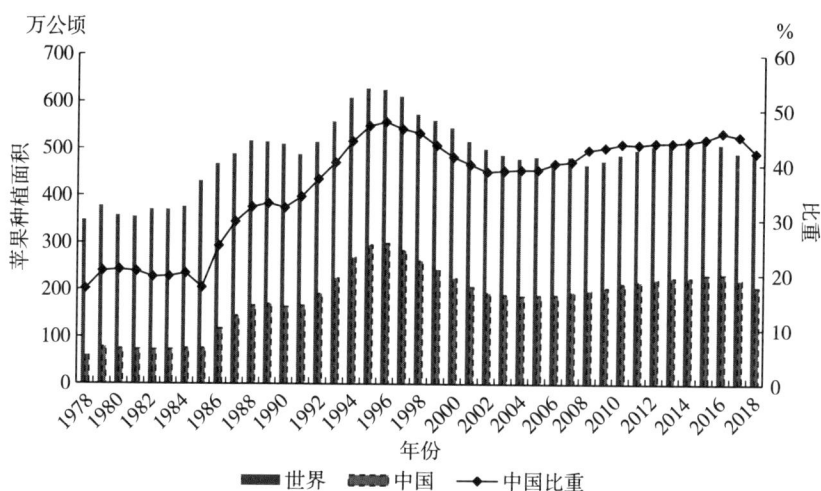

图 4 - 1　1978—2018 年世界及中国苹果种植面积波动情况

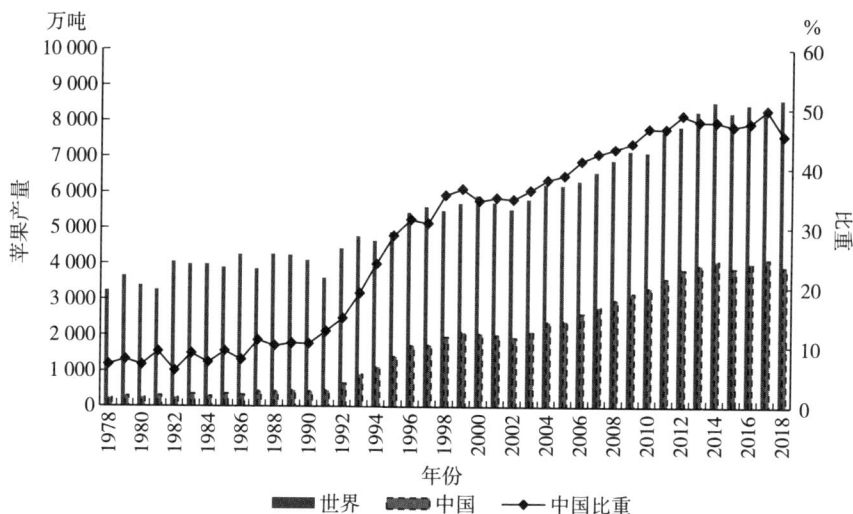

图 4 - 2　1978—2018 年世界及中国苹果产量波动情况

（二）中国苹果生产的国内果业地位

从中国水果产业视角分析，长期以来，苹果在中国果业生产中一直占据重要地位，是中国重要的五大园林水果之一。1979 年苹果种植面积占全国水果种植面积的比重最高，为 42.08%（图 4 - 3），当年苹果产量占全国水果量的比重同样最高，为 40.90％（图 4 - 4）。但受其他水果生产比较收益的影响，随着市场需求变化和果业生产结构调整，柑橘、葡萄等其他水果的种植面积持续扩大，导致苹果种植面积在全国水果总面积中的占比持续下降（张强强等，2019）。2008 年以后，柑橘种植面积占全国水果种植面积的比重超过苹果，苹果从此在种植规模上成为中国第二大园林水果。

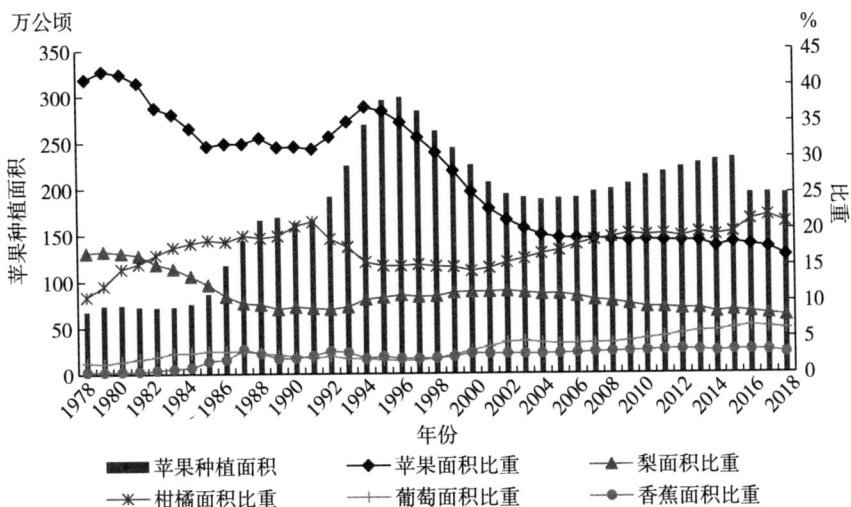

图 4 - 3　1978—2018 年五大水果种植面积比重变化情况

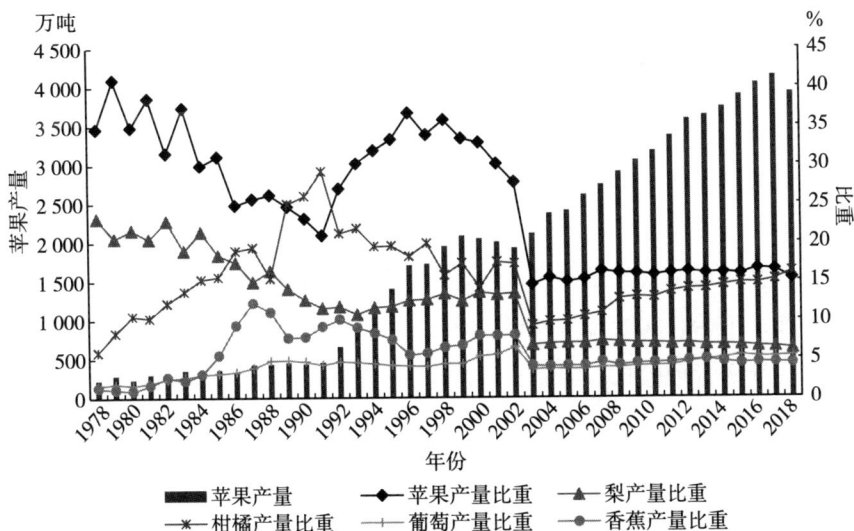

图 4 - 4　1978—2018 年五大水果产量比重变化情况

由图 4-3 和图 4-4 可知，苹果在全国水果生产中的地位总体呈波动下降趋势，种植面积比重由 1978 年的 40.98% 减少至 2018 年的 16.33%，产量比重也由 1978 年的 34.63% 减少至 2018 年的 15.27%。

（三）中国苹果生产发展阶段

41 年间，中国苹果种植面积、产量和单产在波动中增长。从苹果生产规模的时序变化特征来看，改革开放以来中国苹果生产经历五个时期（图 4-5）。

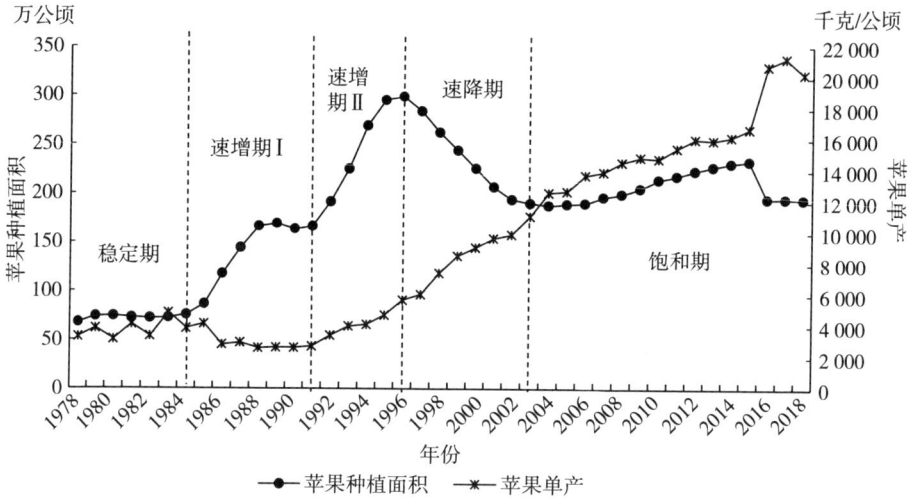

图 4-5 1978—2018 年中国苹果种植面积和单产变化情况

注：苹果生产阶段的划分以苹果种植面积变化特征为依据。

（1）稳定期（1978—1984 年）。这一时期苹果种植面积、产量与单产基本稳定。究其原因，1978 年以来农村经济体制、农业经营制度发生重大转变，商品经济开始在农村地区逐渐发展起来，但当时果品市场的基础设施不完备，产品流通和交易所受管制太多，导致中国苹果产销发展滞缓（刘英杰，2005；王怡，2007）。特别是 1978—1984 年中国果品经营实行以供销社为主体的计划管理模式，限制了苹果产区及果农的生产积极性。

（2）速增期Ⅰ（1985—1991 年）。这一时期苹果种植面积快速扩大，从 1985 年的 86.54 万公顷增至 1991 年的 166.15 万公顷，年平均增长率达到 11.48%，苹果产量基本保持不变且苹果单产存在下降趋势。究其原因，虽然苹果种植面积在此时期内迅速扩大，但由于苹果生产仍然沿用传统的品种、栽培方式和生产技术，导致苹果单产特别是新兴产区的单产水平下降。因此，苹果种植面积扩大的规模效应下降。

（3）速增期Ⅱ（1992—1996年）。这一时期苹果种植面积激增，从1992年的191.45万公顷增至1996年的298.68万公顷，年平均增长率达到11.76%；苹果单产提升较快，助推苹果产量较快增长。特别是1996年全国苹果种植面积创历史最高纪录（白秀广等，2015），苹果产量接近14万吨，苹果单产由1992年的3 424.39千克/公顷增至1996年的5 707.45千克/公顷，年平均增长率达到13.62%。究其原因，一方面在于苹果单产水平因技术进步而逐年提高，另一方面则是苹果种植面积的扩大。值得注意的是，这一时期苹果种植面积扩大带来的增产贡献大于单产提升带来的增产贡献，此时期内的苹果增产仍然依靠种植面积扩大的传统增产方式。

（4）速降期（1997—2003年）。这一时期苹果种植面积快速缩减，从1997年的283.83万公顷减少至2003年的190.04万公顷，年平均增长率为−6.47%；苹果单产迅速提升，由6 066.66千克/公顷增至11 103.98千克/公顷，年平均增长率达到10.60%，单产提升有效对冲了种植面积缩减对苹果总产量的影响。其中的主要原因是，以1997年为节点，全国苹果生产进入调整阶段，主要标志是大幅减少苹果非适生区的苹果种植面积和适生区内的老龄低效果园，同时，苹果优生区及比较效益高的地区苹果种植面积稳定发展（刘英杰，2005）。此外，由于品种改良、栽培技术创新、果园装备及基础设施升级、果农素质提升等，苹果单产提升促进苹果增产效果显著。

（5）饱和期（2004—2018年）。这一时期苹果种植面积缓慢增长，从2004年的187.66万公顷增加至2018年的193.86万公顷，年平均增长率达到0.22%，苹果种植规模趋于饱和。但由于苹果单产提升明显，由12 615.90千克/公顷提升到20 237.80千克/公顷，年平均增长率达到3.20%，因而苹果产量持续增长。究其原因，中国苹果生产从2001年开始注重提质增效，向产业化发展的新阶段迈进，布局也逐步趋于合理（刘英杰，2005）。同时，随着苹果生产技术与管理水平的不断提高，从2003年开始，单产提升对苹果增产的贡献率持续高于种植面积扩大对苹果增产的贡献率。

1978年以来，中国苹果生产经历了1985—1988年和1992—1996年两次发展高峰。1997 年后开始实行产业结构调整，大幅缩减低效落后产能，着力提高苹果经济效益较高地区的产业化水平。截至 2018 年，苹果种植面积比历史峰值的 298.68 万公顷减少了 35.09%，但产量增加了 1.30 倍。

综上，1978—2018 年中国苹果种植面积、产量和单产均有不同程度的增长。其中，苹果种植面积从 67.89 万公顷增加至 193.86 万公顷，年平均增长率为 2.66%；苹果产量从 227.50 万吨增加至 3 923.30 万吨，年平均增长率为 7.38%；苹果单产从 3 351.17 千克/公顷增加至 20 237.80 千克/公顷，年平均增长率为 4.60%。

（四）中国苹果品种结构

中国作为世界苹果原生中心之一，苹果种质资源丰富，特别是砧木和小苹果资源丰富，在全球 35 个苹果种中有 24 个原生于中国（王金政等，2019）。虽然中国苹果种植历史悠久，但现有留存的国产原生品种资源较少，目前大规模种植的苹果品种主要是从国外引进的品种系（许志强，2015）。1871 年，美国人约翰·倪维思将西洋苹果引入到山东烟台，其他产区再从烟台引进苗木和种植技术[①]。20 世纪 30 年代，欧美苹果品种开始逐步涌入中国，金冠系、秦冠、元帅系等品种占中国苹果种植面积的 70% 以上，是当时的主要栽培品种。50—60 年代，从苏联和东欧引进的一些耐寒品种因口味不佳、销售滞缓等原因在苹果种植区域内栽种的并不多。到 80 年代，中国开始计划实施苹果品种更新换代，从日本及欧美等国家和地区引进一些优新品种，对中国苹果品质提升具有重要作用。到 90 年代，富士和元帅系品种发展迅速。由于红富士具有风味好、晚熟、耐贮等优点，已成为中国第一大主栽优势品种，其产量占全国苹果总产量的 65%。随着中国自主培育苹果品种研发投入不断加大，国产品种"华冠"在陕西、山西、山东和豫西地区迅速推广，并成为继"秦冠"之后种植面积最大、效益最高的自育品种（国家苹果产业技术体系，2017）。中国自主选育的"华硕""瑞阳""瑞雪""秦脆""秦蜜""福丽"等新品种也在生产上广泛应用，促进品种结构优化。

---

① 资料来源：农产品期货：佳果红腮香自来——苹果 https：//mp.weixin.qq.com/s/nuxiv5uuhUtB5qoLuw700Q。

总体来看，虽然中国苹果产量占世界总量的 45.55%，新品种培育工作也取得明显成效，但 90% 以上是国外品种，中国自主培育的苹果品种还不到 10%，红富士仍占绝对优势。

二、中国苹果生产布局演变规律分析

（一）苹果增产的贡献因素

1978 年以来，中国苹果生产增长趋势明显，为探究苹果增产的区域贡献和贡献因素，本研究采用产量贡献率、增产贡献率及其贡献因素，分析各省区的苹果产量贡献以及全国和各省区苹果增产动力。

产量贡献率反映的是某一区域苹果产量对全国苹果总产量的重要程度，具体以某一区域苹果产量占当年全国苹果总产量的比例来衡量。增产贡献率反映的是某一区域苹果增产量对全国苹果总增产量的重要程度，具体以某一区域苹果增产量占当年苹果总增产量的比例来衡量。具体计算方法如下：

$$C_i = \frac{P_i}{\sum\limits_{i=1}^{22} P_i} \tag{4-1}$$

$$\Delta C_i = \frac{\Delta P_i}{\sum\limits_{i=1}^{22} \Delta P_i} \tag{4-2}$$

其中，C_i、ΔC_i 分别表示第 i 个省区的苹果产量贡献率和增产贡献率；P_i、ΔP_i 分别表示第 i 个省区的苹果产量和增产量。

种植面积和单产的变化导致苹果产量出现周期性波动。因此，苹果增产量可以分解为种植面积扩张贡献的增产量（以下简称"面积贡献量"）与单产提升贡献的增产量（以下简称"单产贡献量"）之和（张强强等，2019），如下式：

$$\Delta P = \Delta Pa + \Delta Py \tag{4-3}$$

其中，ΔPa、ΔPy 分别表示面积贡献量和单产贡献量。本研究进一步运用对数平均迪式分解法（Logarithmic Mean Weigh Division Index Method，以下简称"LMDI"）（Ang，2004；Ang and Liu，2007）比较面积贡献和单

产贡献的相对大小，因为 LMDI 方法通过消除残差项的影响以提高因素分解的准确度，其结果更容易解释，且简便性和适用性较强（丁文雁等，2017）。ΔPa、ΔPy 的具体形式可表示为：

$$\Delta Pa = \frac{P_t - P_b}{\ln P_t - \ln P_b} \ln \frac{a_t}{a_b} \qquad (4-4)$$

$$\Delta Py = \frac{P_t - P_b}{\ln P_t - \ln P_b} \ln \frac{y_t}{y_b} \qquad (4-5)$$

其中，P_b、P_t 分别是某一区域期初和期末的苹果产量；a_b、a_t 分别表示某一区域期初和期末的苹果种植面积；y_b、y_t 分别表示某一区域期初和期末的苹果单产水平。式中乘积的前半部分为对数平均权数，后半部分为期末与期初苹果种植面积或单产比值的对数。

根据公式 4-3、4-4、4-5 可以进一步计算面积贡献和单产贡献的比例：

$$C_a = \frac{\Delta Pa}{\Delta P} \times 100 \qquad (4-6)$$

$$C_y = \frac{\Delta Py}{\Delta P} \times 100 \qquad (4-7)$$

其中，C_a、C_y 分别表示面积贡献率和单产贡献率，两者之和等于 1。为便于对比两者的贡献相对大小，本研究依据封志明等（2016）的做法，将贡献率取值范围在（50，60]内的划定为较显著，在（60，80]内的划定为显著，大于 80 的划定为极显著。

从全国苹果增产格局来看，1978 年以来中国苹果种植面积和产量总体呈持续增长态势。其中，中国苹果种植面积变化经历了稳定期（1978—1984 年）、速增期（1985—1996 年）、速降期（1997—2003 年）、缓增期（2004—2015 年）四个阶段（刘天军、范英，2012；张聪颖等，2018），2015 年以后中国苹果种植面积开始下降，由 2015 年的 232.83 万公顷降至 2018 年的 193.86 万公顷，减少 16.74％；中国苹果产量变化可划分为稳定期（1978—1991 年）、速增期（1992—1996 年）、缓冲期（1997—2002 年）、速增期（2003—2018 年）四个阶段。苹果生产技术进步、品种改良等作用引致苹果单产水平提升，进而导致苹果产量与种植面积变化不同步。1978—2018 年，面积贡献量和贡献率分别为 1 361.87 万吨和 36.85％，单产贡献量和贡献率分别为

2 333.93万吨和63.15%（表4-1），可以看出单产对全国苹果增产的贡献大于面积贡献。且值得关注的是，苹果种植面积和单产变化趋势的分异导致两者的贡献率在1978—1992年间的波动幅度较大（朱晶等，2013）。1994年以来苹果单产变化带来的贡献率呈逐年递增趋势，并且2002年以后单产贡献率持续高于面积贡献率。41年间，苹果单产由3 351.17千克/公顷增至20 237.80千克/公顷，增长率为603.90%，表明技术进步驱动单产水平的提升是中国苹果增产的主要动力。

从种植面积变化情况分析，1978—2018年，除湖北、吉林、天津和青海的苹果种植面积略有减少外，其他省区的苹果种植面积均有不同程度的增加。其中，陕西、甘肃、山西、山东、新疆、河北、云南、河南、四川、宁夏、内蒙古、江苏和贵州的苹果种植面积增幅较大，均超过1.5万公顷；黑龙江、辽宁、北京、安徽和西藏的苹果种植面积基本保持稳定。从苹果生产的空间分布格局分析，山东、辽宁和河北，陕西、甘肃和山西，河南，云南和四川，新疆和内蒙古分别是其对应产区苹果生产的主要力量。

表4-1 1978—2018年中国苹果累计种植面积、单产对增产的贡献

年份	面积贡献量（万吨）	单产贡献量（万吨）	面积贡献率（%）	单产贡献率（%）	年份	面积贡献量（万吨）	单产贡献量（万吨）	面积贡献率（%）	单产贡献率（%）
1978	—	—	—	—	1990	279.90	-75.50	136.94	-36.94
1979	21.73	37.67	36.59	63.41	1991	293.41	-66.91	129.54	-29.54
1980	20.91	-12.11	237.62	-137.62	1992	419.36	8.74	97.96	2.04
1981	17.83	55.27	24.39	75.61	1993	588.80	90.70	86.65	13.35
1982	14.10	1.40	90.94	9.06	1994	767.95	117.45	86.74	13.26
1983	19.26	107.34	15.21	84.79	1995	949.01	224.29	80.88	19.12
1984	28.21	38.39	42.36	57.64	1996	1 086.66	390.54	73.56	26.44
1985	70.23	63.67	52.45	47.55	1997	1 056.20	438.20	70.68	29.32
1986	151.80	-45.60	142.94	-42.94	1998	1 082.52	638.08	62.92	37.08
1987	238.28	-39.38	119.80	-19.80	1999	1 070.70	782.00	57.79	42.21
1988	286.11	-79.21	138.28	-38.28	2000	992.62	822.98	54.67	45.33
1989	297.46	-75.06	133.75	-33.75	2001	908.04	865.96	51.19	48.81

（续）

年份	面积贡献量（万吨）	单产贡献量（万吨）	面积贡献率（%）	单产贡献率（%）	年份	面积贡献量（万吨）	单产贡献量（万吨）	面积贡献率（%）	单产贡献率（%）
2002	833.69	862.91	49.14	50.86	2011	1 357.91	1 781.89	43.25	56.75
2003	870.10	1 012.60	46.22	53.78	2012	1 447.87	1 906.03	43.17	56.83
2004	928.92	1 211.08	43.41	56.59	2013	1 483.96	1 918.34	43.62	56.38
2005	944.62	1 228.98	43.46	56.54	2014	1 533.50	1 974.40	43.72	56.28
2006	1 003.30	1 375.10	42.18	57.82	2015	1 589.93	2 072.47	43.41	56.59
2007	1 069.97	1 437.23	42.68	57.32	2016	1 395.10	2 416.70	36.60	63.40
2008	1 130.28	1 541.72	42.30	57.70	2017	1 420.53	2 490.98	36.32	63.68
2009	1 200.55	1 619.45	42.57	57.43	2018	1 361.87	2 333.93	36.85	63.15
2010	1 280.95	1 656.45	43.61	56.39	—	—	—	—	—

从增产数量情况分析，1978—2018 年因种植面积扩张和单产水平提升，中国 22 个苹果生产省区的苹果产量均有不同程度的增长（白秀广等，2015）。其中，陕西苹果增产量居全国首位，其苹果增产量为 998.78 万吨，占全国苹果增产总量的 27.02%；其次是山东，苹果增产量为 867.00 万吨，占全国苹果增产总量的 23.46%。陕西、山东分别是全国两大苹果优势区的苹果增产主力省。在其他省区中，苹果增产量超过 100 万吨的有河南、山西、甘肃、河北、辽宁和新疆，这些省区也是中国苹果增产的主要省区（表 4-2）。总体来看，41 年间，在 22 个苹果生产省区中实现产量与面积"双增"的有 17 个，增产年份超过 30 年的有 5 个。

从增产幅度情况分析，41 年间，陕西苹果增产幅度最大，其苹果产量增幅高达 10 068.35%，是全国苹果平均增产幅度（1 624.41%）的 6.20 倍。其他省区中，增产幅度超过 5 000% 的省区为甘肃、贵州和黑龙江。与全国平均增幅相比，22 个苹果生产省区中有 12 个实现超速增长，10 个属于滞后增长。

从贡献率的绝对量分析，有 17 个省区（依次为北京、湖北、青海、吉林、天津、辽宁、安徽、河南、山东、河北、江苏、四川、山西、黑龙江、云南、内蒙古和新疆）的单产贡献率相对较高，其中，北京、湖北、青海、吉林和天津的单产贡献率超过 100%；有 5 个省区（依次为西藏、宁夏、贵州、甘肃和陕西）的面积贡献率相对较高，其中，西藏的种植面积贡献率大于100%（表4-2）。总体而言，41年间，得益于苹果技术和管理的创新以及规模经营的推动，单产提升是全国苹果增产的主要动力。

表4-2 1978—2018年中国省域尺度苹果增产贡献状况

地区	增产量 （万吨）	增产幅度 （%）	面积贡献量 （万吨）	单产贡献量 （万吨）	面积贡献率 （%）	单产贡献率 （%）
北京	−0.50	−10.32	3.08	−3.57	−622.14	722.14
天津	2.95	453.85	−0.44	3.39	−14.89	114.89
河北	202.87	1 177.42	59.94	142.93	29.54	70.46
山西	367.72	4 188.15	133.73	233.99	36.37	63.63
内蒙古	13.07	2 466.04	6.48	6.59	49.60	50.40
辽宁	172.95	269.99	7.13	165.81	4.12	95.88
吉林	4.18	292.98	−1.82	5.99	−43.50	143.50
黑龙江	13.53	5 011.11	6.05	7.48	44.68	55.32
江苏	37.87	1 439.92	11.85	26.02	31.28	68.72
安徽	35.29	3 179.28	1.93	33.36	5.46	94.54
山东	867.00	1 017.61	122.78	744.22	14.16	85.84
河南	386.99	2 463.34	41.85	345.14	10.82	89.18
湖北	0.74	277.36	−1.26	2.00	−171.86	271.86
四川	68.89	1 677.28	23.41	45.48	33.98	66.02
贵州	8.95	5 770.97	5.07	3.88	56.67	43.33
云南	50.66	4 068.67	23.82	26.84	47.02	52.98
西藏	0.16	59.26	0.58	−0.42	359.71	−259.71
陕西	998.78	10 068.35	521.50	477.28	52.21	47.79
甘肃	287.21	6 694.87	158.94	128.27	55.34	44.66
青海	0.23	128.57	−0.17	0.40	−76.04	176.04
宁夏	17.18	1 684.31	11.75	5.43	68.41	31.59
新疆	159.25	3 927.13	79.59	79.65	49.98	50.02
全国	3 695.79	1 624.41	1 361.90	2 333.88	36.85	63.15

从贡献率的相对量分析，面积贡献率较显著的省区主要分布在西北地区和西南地区的贵州；显著的省区为宁夏；贡献极显著的省区为西藏。单产贡献率较显著的省区包括黑龙江、内蒙古、新疆和云南，显著的省区为河北、山西、江苏和四川，极显著的省区主要分布在北方地区（表4-3）。

表 4 - 3 1978—2018 年中国省域苹果增产空间格局

	面积贡献			单产贡献		
	较显著	显著	极显著	较显著	显著	极显著
所属省份	贵州、甘肃、陕西	宁夏	西藏	黑龙江、云南、内蒙古、新疆	河北、江苏、四川、山西	北京、湖北、青海、吉林、天津、辽宁、安徽、河南、山东

(二) 苹果生产区域集聚特征

苹果产业集聚是稳定苹果产品供给与确保产业安全的关键，也是苹果产业发展的必然趋势，及时把握苹果产业生产集中化水平与集聚特征的演进趋势，是科学优化苹果产业生产布局的重要前提，也是稳步推进地区分工与专业化进程、稳定与确保苹果产品有效供给的重要内容。经《规划》引导，中国苹果生产逐渐向优势区集聚，本研究采用苹果生产集中度指数和集中化指数探究苹果生产的区域集聚趋势。

苹果生产集中度指数是一定时期内各区域苹果产量在全国苹果总产量中所占的比重，其不仅可以测度各省区的产量贡献比例，还可以比较各省区的增产速度（陆文聪、梅燕，2007；张聪颖等，2018）。本研究选取苹果生产集中度指数分析 1978 年以来中国各省区苹果生产区域格局变化趋势。具体计算方法如下：

$$C_i = \frac{P_i}{\sum\limits_{i=1}^{22} P_i} \qquad (4-8)$$

其中，C_i 表示第 i 个省区的苹果生产集中度指数，P_i 表示第 i 个省区的苹果产量。

在苹果生产集中化指数方面，为研究 1978 年以来中国苹果生产集聚特征及区域格局动态演进路径，本研究采用基于空间洛伦兹曲线的集中化指数，该指数是根据洛伦兹曲线推演而来的，最早被用来研究国民财富分配问题（Lorenz，1907），后来被广泛应用于粮食生产（柴玲欢、朱会义，2016）、糖料生产（高群等，2018）等领域，是某一属性值实际分布状态与假定均匀分布状态的比值，具体计算方法如下：

$$
\begin{cases}
I = \dfrac{A - R}{M - R} \times 100\% \\[2mm]
A = \displaystyle\sum_{i=1}^{22} A_i = A_1 + A_2 + \cdots A_{22} \\[2mm]
R = \displaystyle\sum_{i=1}^{22} R_i = R_1 + R_2 + \cdots R_{22} \\[2mm]
M = \displaystyle\sum_{i=1}^{22} M_i = M_1 + M_2 + \cdots M_{22}
\end{cases}
\quad (4-9)
$$

其中，I 为集中化指数，I 的取值范围为 $0\sim100$，I 值越大，表明苹果生产集中化水平越高，当 $I = 0$ 时，苹果生产均匀分布于各省区，当 $I = 100$ 时，苹果生产集中分布于某一省区。A 是将各省区苹果产量或种植面积按从大到小顺序排列计算得到的实际累计百分比的合计值。M 为假定苹果产量或种植面积集中分布在某一省区时的累计百分比的合计值。R 为假定苹果产量或种植面积均匀分布在各省区时的累计百分比的合计值。由于全国苹果生产区域涉及 22 个空间单元，因此，苹果均匀分布和集中分布时的累计百分比的合计值 R 与 M 分别为 1 150% 和 2 200%。

1978—2018 年各产区的苹果生产集中度变化情况如表 4-4 所示。

表 4-4 1978—2018 年中国各省区苹果生产集中度变化（%）

苹果区划	省区	1978 年	1980 年	1990 年	2000 年	2010 年	2018 年
渤海湾产区	山东	37.45	38.86	33.15	31.70	24.02	24.27
	河北	7.57	7.53	10.84	8.84	8.19	5.61
	辽宁	28.15	25.82	17.57	6.03	6.30	6.04
	天津	0.29	0.35	0.72	0.39	0.17	0.09
	北京	2.11	1.93	1.71	0.77	0.31	0.11
	小计	75.57	74.50	63.99	47.73	38.98	36.12
黄土高原产区	陕西	4.36	3.78	8.08	19.02	25.73	25.71
	甘肃	1.89	2.51	4.05	3.38	6.06	7.43
	山西	3.86	3.66	3.38	7.98	7.72	9.60
	宁夏	0.45	0.55	0.81	0.78	1.07	0.46
	青海	0.08	0.18	0.32	0.07	0.02	0.01
	小计	10.63	10.68	16.65	31.22	40.60	43.21

（续）

苹果区划	省区	1978 年	1980 年	1990 年	2000 年	2010 年	2018 年
黄河故道产区	河南	6.91	6.55	8.29	11.69	12.29	10.26
	安徽	0.49	0.76	1.34	1.48	1.22	0.93
	江苏	1.16	2.05	2.45	3.40	1.70	1.03
	小计	8.55	9.36	12.09	16.57	15.22	12.22
西南冷凉高地产区	四川	1.62	1.80	1.46	1.02	1.31	1.86
	云南	0.55	0.47	0.72	0.49	0.78	1.32
	贵州	0.07	0.06	0.09	0.04	0.05	0.23
	西藏	0.12	0.14	0.09	0.03	0.02	0.01
	小计	2.35	2.46	2.36	1.58	2.14	3.43
特色产区	内蒙古	0.23	0.40	0.53	0.23	0.23	0.35
	吉林	0.63	0.62	0.25	0.49	0.46	0.14
	黑龙江	0.12	0.14	0.53	0.55	0.35	0.35
	湖北	0.12	0.13	0.28	0.15	0.03	0.03
	新疆	1.78	1.59	3.26	1.47	1.98	4.16
	小计	2.88	2.88	4.86	2.88	3.06	5.03

注：表中"小计"为各产区的苹果生产集中度。

从上表可以看出：

（1）渤海湾产区的集中化水平持续下降，其苹果生产集中度由 1978 年的 75.57％下降到 2018 年的 36.12％，下降了 39.45 个百分点。其中，作为渤海湾产区主产省的辽宁和山东的苹果生产集中度下降最为显著（辽宁下降 22.11％，山东下降 13.18％）。从 2009 年开始，渤海湾优势区的苹果生产集中度由第一位降至第二位。此外，北京、河北和天津的苹果生产集中度分别下降了 2.00％、1.96％和 0.19％。

（2）黄土高原产区的重要性凸显，其苹果生产集中度由 1978 年的 10.63％增加到 2018 年的 43.21％，增加了 32.58 个百分点，成长为中国第一大苹果产区。其中，表现最为突出的是陕西，其苹果生产集中度从 1978 年的 4.36％增加到 2018 年的 25.71％，增加了 21.35 个百分点。从 2009 年开始，陕西超越山东成为中国苹果生产第一大省。此外，山西、甘肃和宁夏的苹果生产集中度分别增加了 5.74％、5.54％和 0.02％。

（3）黄河故道产区苹果生产继续稳固，其苹果生产集中度略有增加，从1978 年的 8.54％增加到 2018 年的 12.22％，增加了 3.68 个百分点。其中，作为黄河故道产区主产省的河南的苹果生产集中度增加了 3.36 个百分点。此外，安徽的苹果生产集中度增加 0.44％，江苏的苹果生产集中度下降 0.12％。

（4）西南冷凉高地产区苹果生产地位基本不变。1978—2018 年西南冷凉高地产区的苹果生产集中度仅增加了 1.07 个百分点。其中，云南、四川和贵州的苹果生产集中度分别增加了 0.78％、0.24％ 和 0.16％，而西藏的苹果生产集中度下降了 0.11％。

（5）特色产区苹果生产集中度略有上升，由 1978 年 2.88％增加到 2018 年 5.03％，增加了 2.15 个百分点。其中，新疆作为特色产区中的典型代表，其苹果生产集中度由 1978 年的 1.78％增加到 2018 年的 4.16％，增加了 2.38 个百分点。此外，黑龙江和内蒙古的苹果生产集中度分别增加了 0.23％ 和 0.11％，而吉林和湖北的苹果生产集中度分别下降了 0.48％ 和 0.09％。

以上结果表明，黄土高原产区的苹果生产集中度持续上升且上升幅度最高，逐渐演变成为中国最大的苹果产区；渤海湾产区逐步下降为中国第二大苹果产区；其他产区苹果生产地位基本稳定。

从苹果生产省区分布格局来看，中国苹果生产集中度排名前 6 的省区由1978 年的山东、辽宁、河北、河南、陕西和山西转变为 2018 年的陕西、山东、河南、山西、甘肃和辽宁（王伟新、魏金义，2017），中西部的部分省份（如陕西、山西、甘肃等）苹果生产集中度持续上升，并逐渐成为中国主要的苹果生产省区。究其原因，由于目前中国苹果生产技术整体相对落后，施肥、施药、套袋、修剪和采果等大多数苹果生产环节主要依靠人工完成，而随着渤海湾地区的工业化、城镇化进程快速推进，大量优质劳动力"离农"，导致其苹果生产的人工成本不断上涨，进而促使苹果生产由东部劳动力价格昂贵地区向中西部劳动力价格低廉地区转移（袁斌等，2017）。另一方面，随着中国苹果种植结构调整，东部沿海省区的果园被大量挖除，内地低海拔地区果园被大量淘汰，而陕西北部、山西、甘肃东南部等区域快速扩大苹果种植面积，中国苹果生产重心西移，苹果发展空间由低海拔向高海拔转移（王田利，2020）。综上，从产区和省区层面均可以看出，中国苹果生产重心呈现"西移南进"态势，由渤海湾优势区向黄土高原优势区迁移。

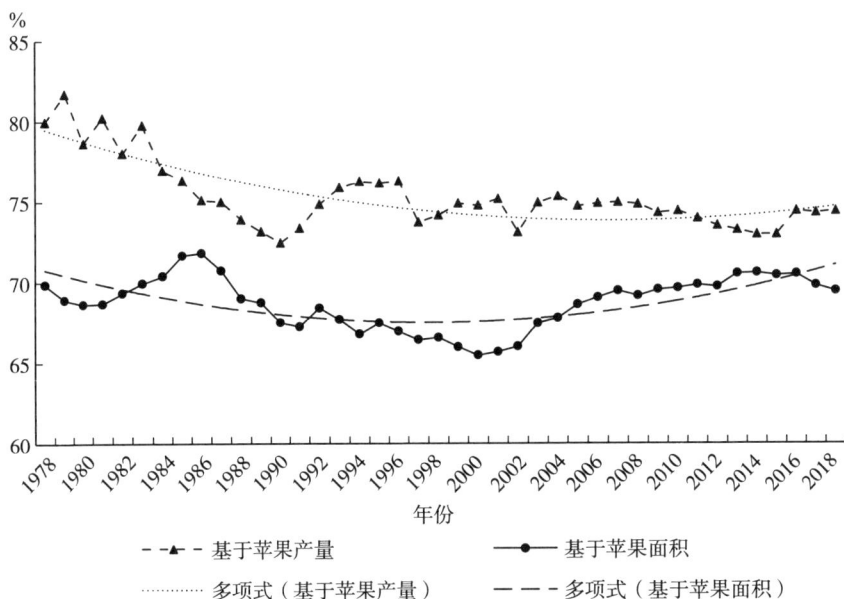

图 4-6　1978—2018 年中国苹果生产集中化指数变动趋势

从图 4-6 看出，基于产量的苹果生产集中化指数呈波动下降趋势，从1978 年的 79.96％降至 2018 年的 74.40％，下降 5.56％；基于种植面积的苹果生产集中化指数呈"U"型变化趋势，1978 年和 2018 年的苹果生产集中化指数接近 70％。

具体来看，苹果生产集中化的演变趋势可分为两个阶段：

（1）1978—2003 年为调整期，苹果生产经历了计划经济限制、市场经济转型、产业结构调整等，产量与种植面积波动性较大，导致基于产量和种植面积的苹果生产集中化指数呈波动下降趋势，苹果生产经历了一次空间重组。

（2）2003 年以后为稳定期，在经历 1978—2003 年的调整期后，苹果生产空间布局渐趋稳定与合理，苹果生产集中化指数维持在 70％左右，苹果生产格局向专业化与地域分工方向演进。

为进一步揭示 1978 年以来中国苹果生产格局时空变迁轨迹，本研究借鉴高群等（2018）的做法，从 1978—1988 年、1989—1998 年、1999—2008

年和2009—2018年四个时间段分别对苹果生产占全国苹果生产总量比重超过3%的省区进行排序（表4-5）。

从产量占比来看，1978—1988年苹果产量比重超过3%的省区有6个，1989—1998年、1999—2008年和2009—2018年均增加到7个；从苹果种植面积占比来看，1978—1988年、1989—1998年和1999—2008年苹果种植面积比重超过3%的省区均有7个，2009—2018年增加到8个。1978—1988年苹果生产占比排名前6位的省区的苹果产量和种植面积累计百分比分别为85.97%和81.66%；1989—1998年两者比重分别下降到84.97%和79.02%；1999—2008年分别为85.43%和79.56%；2009—2018年分别为83.57%和80.95%。从总体的变化趋势来看，随着苹果生产在各区域的扩大，集中化水平呈减小态势。

表4-5　中国不同省区苹果生产占比排序变动情况（%）

时段（年）	排序	1	2	3	4	5	6	7	8
1978—1988	省区	山东	辽宁	河北	河南	陕西	山西	—	—
	产量占比	38.99	21.15	9.62	8.15	4.14	3.92	—	—
	累计占比	38.99	60.14	69.77	77.92	82.05	85.97	—	—
	省区	山东	辽宁	河北	河南	陕西	山西	甘肃	—
	面积占比	26.44	19.27	11.30	11.23	7.55	5.86	3.71	—
	累计占比	26.44	45.71	57.01	68.25	75.80	81.66	85.37	—
1989—1998	省区	山东	陕西	辽宁	河南	河北	山西	甘肃	—
	产量占比	34.73	13.59	11.84	10.11	9.98	4.72	3.48	—
	累计占比	34.73	48.32	60.16	70.27	80.25	84.97	88.45	—
	省区	山东	陕西	河北	辽宁	河南	甘肃	山西	—
	面积占比	23.97	14.93	12.93	10.47	9.82	6.90	6.57	—
	累计占比	23.97	38.90	51.83	62.31	72.12	79.02	85.59	—
1999—2008	省区	山东	陕西	河南	河北	山西	辽宁	甘肃	—
	产量占比	28.28	22.19	12.36	9.17	7.84	5.59	4.10	—
	累计占比	28.28	50.47	62.83	72.00	79.84	85.43	89.53	—
	省区	陕西	山东	河北	甘肃	河南	山西	辽宁	—
	面积占比	21.30	17.93	13.98	9.56	8.95	7.85	6.66	—
	累计占比	21.30	39.23	53.20	62.76	71.71	79.56	86.22	—

（续）

时段（年）	排序	1	2	3	4	5	6	7	8
2009—2018	省区	陕西	山东	河南	山西	河北	甘肃	辽宁	—
	产量占比	25.12	23.31	11.18	9.64	7.48	6.84	6.26	—
	累计占比	25.12	48.43	59.62	69.25	76.73	83.57	89.83	—
	省区	陕西	山东	甘肃	河北	河南	山西	辽宁	新疆
	面积占比	29.91	13.26	12.79	10.15	7.80	7.04	6.71	3.27
	累计占比	29.91	43.17	55.96	66.11	73.91	80.95	87.66	90.93

41 年间的苹果生产占比变化量超过 3% 的省区排名变动情况如表 4-6 所示。可以看出，与改革开放之初相比，苹果主产区发生较大位移。

表 4-6　1978—2018 年中国苹果生产占比排序变动情况（%）

排序	上升				排序	下降			
	省区	产量占比变动	省区	面积占比变动		省区	产量占比变动	省区	面积占比变动
1	陕西	21.35	陕西	22.95	1	辽宁	−22.12	山东	−13.69
2	山西	5.74	甘肃	8.75	2	山东	−13.18	辽宁	−12.06
3	甘肃	5.54	—	—	3	—	—	河南	−6.73
4	河南	3.36	—	—					

具体来看，陕西苹果生产占比增幅最大，产量和种植面积占比增幅均超过 20%，并超越山东，成为中国苹果生产第一大省。相反，山东和辽宁 2 个沿海经济发达省份的苹果生产占比降幅较大。其中，辽宁苹果产量占比下降最显著，下降 22.12%；山东苹果种植面积占比下降最显著，下降 13.69%。由此可见，原有的苹果生产大省逐步被新的苹果生产大省所替代，苹果主产省区逐渐由沿海省区向西南方向的内陆省区迁移。

（三）苹果生产重心变化特征

重心指标是描述空间分布中心特征的主要指标，被广泛应用于各研究领域，如经济发展重心（徐国良等，2014；孟广文等，2017）、人口流动与区域整合重心（林思宇等，2014）、资源聚集与区域效率重心（孙才志等，2018）、粮食作物生产重心（聂雷等，2015）等。重心的空间动态演变过程可以反映苹果生产发展的区域性差异，本研究采用重心理论与方法，研究苹果生产重心演变特征，揭示苹果生产区域空间均衡点移动及苹果产业区域布局变化规律。重心分析模型需要使用数量数据和矢量数据，数量数据是某一属性的指标数据，矢量数据是和某一属性相关的地理坐标数据（聂雷等，2015）。重心概念来源于力学，几何重心是区域空间的均衡点，本研究假设全国省级区域为均质平面，选取各省区行政区划的几何中心点坐标作为其地理重心坐标，苹果生产重心则是某一时期苹果种植面积或产量在各省级区域分布的力矩平衡点，其计算公式如下：

$$\overline{X}_t = \sum_{i=1}^{N} M_{it} X_i \Big/ \sum_{i=1}^{N} M_{it}; \quad \overline{Y}_t = \sum_{i=1}^{N} M_{it} Y_i \Big/ \sum_{i=1}^{N} M_{it} \quad (4-10)$$

其中，$\overline{X}_t$ 和 $\overline{Y}_t$ 分别是第 t 年苹果生产重心的经度和纬度坐标数据；X_i、Y_i 是第 i 个省区行政区划几何中心点的经度和纬度坐标数据；M_{it} 是第 i 个省区第 t 年的苹果种植面积或产量，N 表示苹果生产省区数量。

依据上述重心坐标，计算中国苹果生产重心移动距离为：

$$D_{t-T} = E \times \sqrt{(\overline{X}_T - \overline{X}_t)^2 + (\overline{Y}_T - \overline{Y}_t)^2} \quad (4-11)$$

其中，D_{t-T} 表示中国苹果生产重心从第 t 年到第 T 年的移动距离；$(\overline{X}_t, \overline{Y}_t)$、$(\overline{X}_T, \overline{Y}_T)$ 分别表示第 t 年和第 T 年中国苹果生产重心的经度和纬度坐标；E 是将坐标数据转化成二维平面距离所对应的值的转换系数，一般取值为 111.13 千米（Xiao et al.，2018；张聪颖等，2018）。

（1）苹果种植面积重心演变特征分析。采用重心分析模型及 1978—2018 年中国苹果种植面积和产量数据，测度中国苹果种植面积和产量的重心及其移动方向和距离，并采用 ArcGIS10.5 软件绘图功能将苹果种植面积和产量的重心进行可视化表达。

由表 4-7 可以看出，中国苹果种植面积重心演变特征为：从空间位置看，1978—2018 年苹果种植面积重心在东经 110.16°～115.65°和北纬 36.32°～37.59°之间变动；从移动轨迹看，苹果种植面积重心由 1978 年的 115.24°E、37.06°N(位于河北省巨鹿县境内）移动至 2018 年的 110.16 °E、36.44°N（位于陕西省延长县境内）（表 4-7）。因此，中国苹果种植面积重心总体上向西南方向移动，且预计将向陕西省延川县移动（图 4-7）。同时也可以看出，中国苹果种植面积重心东西方向移动的距离大于南北方向移动的距离，表明东西方向苹果种植面积变化更大（张聪颖等，2018；Zhang et al.，2021），即41年间黄土高原优势区苹果种植面积增量大于其他产区；从移动距离看，1978—2018年苹果种植面积重心向西南方向移动了586.13千米，表明苹果种植面积重心逐渐由栽培历史最久、产业化程度高的渤海湾产区向规模集中连片、生产潜力大的黄土高原产区推移。其中的主要原因是，黄土高原产区的土地资源更丰富，果园拓展的空间更大，并且黄土高原是苹果优生区域，因而苹果种植面积重心向黄土高原优势区转移也符合国家苹果产业布局规划和产业政策。

表4-7 1978—2018年苹果种植面积重心的变化

年份	经度（°E）	纬度（°N）	移动方向	移动距离（千米）	年份	经度（°E）	纬度（°N）	移动方向	移动距离（千米）
1978	115.24	37.06	—	—	1999	113.31	36.93	西北	5.20
1979	115.20	37.23	西北	18.92	2000	113.27	36.94	西北	4.27
1980	115.25	37.31	东北	10.47	2001	113.11	36.95	西北	17.91
1981	115.38	37.42	东北	18.70	2002	112.97	36.94	西南	16.45
1982	115.43	37.48	东北	8.78	2003	112.68	36.85	西南	33.65
1983	115.53	37.53	东北	11.85	2004	112.46	36.81	西南	24.84
1984	115.65	37.59	东北	15.01	2005	112.36	36.81	西南	10.45
1985	115.53	37.48	西南	17.50	2006	111.96	36.77	西南	45.23
1986	115.37	37.26	西南	30.32	2007	111.59	36.73	西南	40.47
1987	114.94	37.15	西南	49.74	2008	111.36	36.73	西北	26.31
1988	114.57	37.11	西南	41.25	2009	111.02	36.74	西北	38.10
1989	114.28	37.01	西南	34.04	2010	110.76	36.80	西北	28.61
1990	114.11	37.11	西北	21.35	2011	110.60	36.75	西南	18.66
1991	114.05	37.12	西北	6.90	2012	110.53	36.70	西南	9.81
1992	114.10	37.01	东南	13.02	2013	110.97	36.67	东南	48.96
1993	113.88	36.93	西南	25.61	2014	110.90	36.66	西南	8.53
1994	113.73	36.82	西南	21.06	2015	110.81	36.67	西北	9.26
1995	113.63	36.82	西南	11.14	2016	110.66	36.64	西南	17.12
1996	113.52	36.84	西北	12.33	2017	110.32	36.32	西南	51.68
1997	113.41	36.88	西北	13.42	2018	110.16	36.44	西北	22.12
1998	113.35	36.90	西北	6.97	—	—	—	—	—

（2）苹果产量重心演变特征分析。由表 4-8 可以看出，中国苹果产量重心演变特征为：从空间位置看，1978—2018 年苹果产量重心在东经111.65°~117.28°和北纬 36.37°~37.86°之间变动；从移动轨迹看，苹果产量重心由 1978 年的 116.95°E、37.86°N（位于河北省南皮县境内）移动至2018 年的 111.65°E、36.44°N（位于山西省灵石县境内），即中国苹果产量重心总体上向西南方向移动（图 4-7）；从移动距离看，1978—2018 年苹果产量重心向西南方向移动了 609.40 千米（表 4-8），表明全国苹果产量重心逐渐由生产技术、果园管理水平较高的渤海湾优势区向生态条件优越的黄土高原优势区推移。

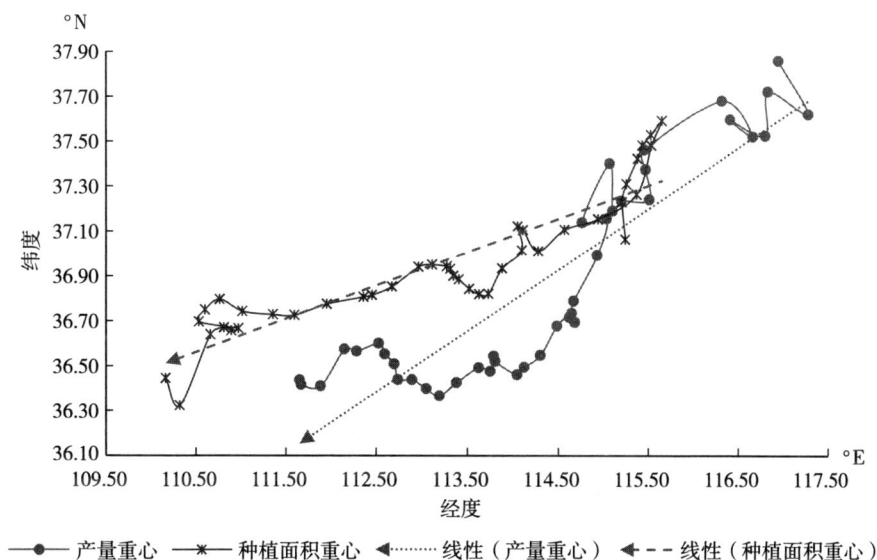

图 4-7　1978—2018 年中国苹果种植面积和产量重心移动方向

表 4-8　1978—2018 年苹果产量重心的变化

年份	经度（°E）	纬度（°N）	移动方向	移动距离（千米）	年份	经度（°E）	纬度（°N）	移动方向	移动距离（千米）
1978	116.95	37.86	—	—	1984	116.31	37.68	西北	42.99
1979	117.28	37.62	东南	45.12	1985	115.46	37.46	西南	98.35
1980	116.83	37.72	西北	50.82	1986	115.47	37.37	东南	9.96
1981	116.80	37.52	西南	22.23	1987	115.51	37.24	东南	15.57
1982	116.41	37.60	西北	44.76	1988	115.20	37.23	西南	34.99
1983	116.67	37.52	东南	29.95	1989	115.10	37.19	西南	12.10

（续）

年份	经度 （°E）	纬度 （°N）	移动 方向	移动距离 （千米）	年份	经度 （°E）	纬度 （°N）	移动 方向	移动距离 （千米）
1990	115.06	37.40	西北	23.78	2005	113.62	36.49	西北	14.17
1991	114.76	37.14	西南	44.51	2006	113.38	36.43	西南	28.08
1992	115.03	37.15	东北	30.11	2007	113.19	36.37	西南	21.75
1993	114.93	36.99	西南	21.46	2008	113.05	36.40	西北	16.25
1994	114.67	36.79	西南	36.59	2009	112.90	36.44	西北	17.97
1995	114.62	36.71	西南	9.56	2010	112.74	36.44	西北	17.19
1996	114.68	36.69	东南	6.99	2011	112.70	36.51	西北	8.83
1997	114.65	36.73	西北	6.02	2012	112.60	36.55	西北	12.63
1998	114.48	36.68	西南	19.16	2013	112.53	36.60	西北	8.99
1999	114.30	36.55	西南	24.77	2014	112.29	36.57	西南	27.66
2000	114.13	36.49	西南	20.54	2015	112.15	36.57	西北	14.93
2001	114.05	36.46	西南	9.62	2016	111.89	36.41	西南	34.29
2002	113.81	36.52	西北	27.53	2017	111.67	36.42	西北	24.19
2003	113.79	36.54	西北	3.23	2018	111.65	36.44	西北	3.16
2004	113.75	36.48	西南	8.52	—	—	—	—	—

究其原因，苹果产量与品质受自然条件影响较大，虽然渤海湾地区和黄土高原地区同属于中国苹果生产优势区域，但从自然条件来看，黄土高原优势区比渤海湾优势区具有更加适宜苹果生长的气候和生态条件，是中国优质高档苹果生产的中心产区，因而中国苹果产量重心向黄土高原优势区推移符合苹果生长适宜性的自然趋向。

三、本章小结

本章运用描述性统计分析方法对 1978—2018 年中国苹果生产空间布局演变趋势和集聚特征进行定量研究。结果表明：

（1）从全球苹果产业看，中国苹果生产发展迅速，跃居为世界上最大的苹果生产国；从中国水果产业看，虽然受水果产业结构调整影响，苹果种植面积比重持续下降，但苹果产量比重居于高位；从苹果产业发展历程来看，1978 年以来中国苹果生产总体呈波动增长趋势，大致经历了稳定期、速增期Ⅰ、速增期Ⅱ、速降期和缓增期五个阶段；从品种结构来看，富士仍然是中国主栽的苹果品种。

（2）从苹果增产贡献因素来看，技术进步驱动单产水平的提升是中国苹果增产的主要动力。从产区集聚特征来看，中国苹果生产在空间上不断扩张，导致苹果生产集中化水平总体呈下降趋势，在经历调整期后，苹果生产空间布局渐趋稳定与合理，生产格局向专业化与地域分工方向演进，苹果主产区逐渐由渤海湾优势区向黄土高原优势区集聚，陕西、甘肃、山西等13个省区的苹果生产集中度增长，辽宁、山东等9个省区的苹果生产集中度下降，苹果主产省区逐渐由沿海省区向西南方向的内陆省区迁移。

（3）1978年以来，中国苹果生产布局演变呈现"西移南扩"特征，苹果种植面积和产量重心整体均呈现出向西南方向移动的演变趋势，分别向西南方向移动586.13千米和609.40千米，并由渤海湾优势区向黄土高原优势区推移，苹果种植优生区向高海拔地区转移。

第五章 中国苹果生产布局演变驱动因素分析

在农业发展的早期阶段，作为自然资源依赖型产业，其空间分布格局由各地域之间的自然资源组合、种植作物类别所决定，因此早期农业更多呈现自然约束型的特征。在向现代农业过渡过程中，农业被赋予社会再生产的属性，自然资源对其分布格局的决定作用大大减弱，而随着社会经济因素作用的日益增强，农业生产布局开始同时受自然因素与社会经济因素双重约束（林正雨等，2019），区域资源禀赋和环境承载能力决定了农业生产的基本格局（张宇翔，2020）。苹果生产布局受自然条件、社会经济、生态环境等多因素的综合作用，其中，海拔、土壤肥力、土层深度等土壤属性指标和气温、降水量、无霜期、日照时数等气象属性指标是影响苹果生产布局的首要因素；区位、经济发展水平、基础设施建设等经济社会属性指标是影响苹果生产布局的重要因素（王玉军等，2019）。

一、理论假设

根据农业生产经济学理论，苹果生产是自然再生产与经济再生产的有机结合。在自然再生产过程中，苹果生产受气候、土地等自然资源禀赋的约束；在经济再生产过程中，苹果生产受经济社会发展水平、作物比较收益、科技进步、基础设施建设、政策干预等的影响（刘天军、范英，2012；张聪颖等，2018）。上述各因素的综合作用推动了苹果生产布局的集聚。因此，本研究结合中国苹果生产发展实际情况和数据可得性，基于资源环境、机会成本、基础设施、技术进步、消费需求和政策环境六个方面的因素，实证分析影响中国苹果生产布局集聚的因素。参考已有研究，本研究使用苹果种植面积集中度指数（即各省区苹果种植面积占全国苹果种植总面积的比重）表示苹果生产布局集聚程度。

（一）资源禀赋对中国苹果生产布局集聚的影响

本研究选取自然灾害和人均耕地面积分析资源环境对中国苹果生产布局集聚的影响。农业气候资源是决定苹果生产的重要基础，根据苹果学相关理论，苹果种植需要适宜的气候条件，气温、降水等气候因素变化引发的自然灾害直接影响苹果产量与质量，进而影响苹果种植效益和果农种植积极性。中国苹果生产区域分布广泛，各省区的气候条件差异较大，气候变化对全国苹果种植制度和结构产生较大影响，由气候变化引发的自然灾害和受灾程度均会影响苹果生产布局（白秀广等，2015），苹果受灾程度严重的地区苹果生产集中度较低（邓宗兵等，2014），本研究使用各省区的苹果受灾面积表征自然灾害对各省区苹果生产的影响。此外，根据资源禀赋理论，区域趋于生产其拥有的相对丰裕的要素所能生产的产品。耕地资源作为最基础的农业生产资源，是苹果生产的主要资源约束条件，一般来说，苹果种植面积和耕地资源存在正向关系（杨万江、陈文佳，2011）。但随着工业化和城镇化的推进，耕地资源缩减和人口数量增长导致人均耕地面积减少，各省区的人均耕地面积变化也因工业化、城镇化发展水平的差异和人口数量的变化而呈现出较强的异质性。在数据可得性的基础上，本研究使用各省区的人均耕地面积表征各省区的耕地资源状况。基于上述分析，提出以下假设：

H1：苹果受灾面积负向影响苹果生产布局集聚；

H2：人均耕地面积正向影响苹果生产布局集聚。

（二）机会成本对中国苹果生产布局集聚的影响

本研究选取非农就业机会和苹果比较收益分析机会成本对中国苹果生产布局集聚的影响。根据比较优势理论和"理性经济人"假设，一方面，农户基于收益最大化原则选择是否从事农业生产。由于农业生产的自然风险与市场风险引致的收益不确定性，农业相对非农产业缺乏比较优势，加上非农产业劳动力工资的上涨，导致苹果种植的机会成本上升。因此，农业自身弱质性所形成的推力和非农产业高报酬所形成的拉力共同促使非农就业机会多的区域的农业劳动力更多转向非农产业（速水佑次郎、弗农·拉坦，2014）。各省区非农产业发展水平差异导致果农的非农就业机会不同，进而对果农的苹果生产决策产生影响。本研究使用各省区的农村非农劳动力占农村劳动力的比重表征各省区的非农就业机会（杨万江、陈文佳，2011）。另一方面，农户除了在职业上进行选择外，还需要根据不同作物的收益状况，基于收益最大化原则在农业内部的种植结构上进行选择（白秀广等，2015）。如果苹果种植收益比其他作物更高，则农户更倾向于种植苹果。因此，苹果种植的比较收益也会对苹果种植面积产生影响。考虑到大多数省区未统计苹果和其他农作物的亩均净利润数据，借鉴罗万纯和陈永福（2005）、张怡和王兆华（2018）的做法，使用各省区苹果种植面积占农作物播种总面积的比例表征各省区苹果与其他作物的比较收益。基于上述分析，提出以下假设：

H3：非农就业机会负向影响苹果生产布局集聚；

H4：苹果比较收益正向影响苹果生产布局集聚。

（三）基础设施对中国苹果生产布局集聚的影响

本研究选取灌溉设施和运输条件分析基础设施建设对中国苹果生产布局集聚的影响。根据苹果学相关知识，苹果种植是自然再生产的过程，其生长需要充足的水分，但中国大多数苹果产区分布于北方山区、丘陵地带，气候以干旱少雨为主。因此，灌溉设施条件是影响苹果种植的重要因素，也是苹果生产中主要的基础设施（张聪颖等，2018；Zhang et al.，2020）。本研究使用各省区的苹果有效灌溉面积表征各省区的苹果灌溉设施条件。此外，根据农业区位理论，农产品产销地距离决定了土地利用结构，苹果作为一种高价值农产品，其商品化和市场化程度较高，交通运输条件是连接苹果生产与消费的纽带，也是实现苹果市场价值的重要条件。随着资本要素加速流向农业领域，农产品冷链与流通渠道更加健全与畅通，显著影响苹果流通格局，进而对苹果生产布局产生重要影响（张宇翔，2020）。因此，各省区的运输条件以及产销地距离会影响苹果种植面积。本研究使用各省区的陆路交通运输密度表征各省区的交通运输条件。基于上述分析，提出以下假设：

H5：苹果灌溉设施条件正向影响苹果生产布局集聚；

H6：交通运输条件正向影响苹果生产布局集聚。

（四）技术进步对中国苹果生产布局集聚的影响

随着苹果生产技术要素的快速发展，技术进步对优化苹果生产条件、节约生产成本等发挥了重要作用，深刻影响中国苹果生产布局。具体来看，技术进步对苹果生产布局的影响主要表现在苹果单产水平上（张怡、王兆华，2018）。苹果生产技术的提升有利于苹果生产效率与经济收益的提高，但由于各省区苹果生产技术创新、推广水平和技术同其他要素匹配效率的不同，导致地区农业作物之间生产技术水平和技术进步带来的经济效益产生差异，进而影响苹果生产布局。对于技术进步变量，大多数学者采用时间趋势来表示（刘天军、范英，2012；张聪颖等，2018），但对苹果生产而言，技术进步更多表现为单产提升（耿献辉等，2014a）。因此，为消除时间趋势影响，本研究使用苹果单产表示技术进步，并将各省区 1978 年苹果单产水平设定为 1，以 1978 年为基期，对 1979—2018 年苹果单产标准化，以此表征各省区的苹果技术进步水平。基于上述分析，提出以下假设：

H7：苹果技术进步正向影响苹果生产布局集聚。

（五）消费需求对中国苹果生产布局集聚的影响

根据农业区位理论，远距长途运输的"冰山成本"导致农业生产和流通局限于一定区域内。由于苹果的商品化程度较高，区域内苹果消费需求的增长是刺激区域内苹果生产扩大的主要需求因素。一般来说，消费者对苹果需求的增加依赖于人口规模的扩大，苹果的消费需求与该区域的人口数量和密度存在正向相关关系，本研究使用各省区年末总人口数占同期全国年末总人口数的比重表征各省区的苹果消费需求潜力（张怡、王兆华，2018）。区域内人口数量的增长会增加该区域消费者对苹果的需求，进而激励该区域内的苹果生产者扩大苹果种植规模，提高区域苹果生产集聚程度。基于上述分析，提出以下假设：

H8：苹果消费需求潜力正向影响苹果生产布局集聚。

（六）政策环境对中国苹果生产布局集聚的影响

本研究选取"米袋子"省长负责制和苹果优势区域规划分析政策环境对

中国苹果生产布局集聚的影响。果农种植苹果的积极性和区域苹果生产规模会受到国家政策调整的干预，产业政策与规划引导是影响苹果生产布局的重要因素，不同阶段的政策重心和规划导向对苹果生产布局调整产生显著影响。具体来看，为保障国家粮食安全，1995—1997 年国家强制实施"米袋子"省长负责制，但由于耕地资源有限，该政策对苹果种植产生一定的挤出效应。为引导苹果生产向优势区集聚，国家分别于 2003 年和 2009 年制定并实施《苹果优势区域发展规划（2003—2007 年）》和《苹果优势区域布局规划（2008—2015 年）》，对苹果生产布局集聚产生正向激励效应（白秀广等，2015）。基于上述分析，提出以下假设：

H9："米袋子"省长负责制负向影响苹果生产布局集聚；

H10：苹果优势区域规划正向影响苹果生产布局集聚。

根据上述理论分析，中国苹果生产布局集聚影响因素的理论分析框架如图 5-1 所示：

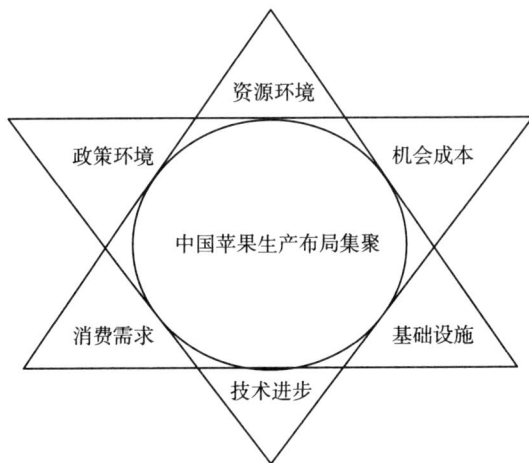

图 5-1 中国苹果生产布局集聚的影响因素

二、空间分析方法

本研究使用空间统计分析方法和空间计量模型探究中国苹果生产布局的集聚特征及其影响因素。

（一）空间自相关分析

空间自相关通过对地理现象的描述和可视化，并对其集聚程度和分布特性进行度量（Anselin，1995），以此来揭示研究对象的空间集聚和空间异质的作用机制（Sridharan et al.，2007）。本研究采用空间自相关检验某省区的苹果种植面积与其邻近省区的苹果种植面积是否显著相关，按空间自相关系数大小分为正相关和负相关两类，正相关表明某省区的苹果种植面积与其邻近省区的苹果种植面积具有相同的变化趋势，负相关则正好相反（张军等，2011）。按空间自相关分析范围的大小可将其划分为全局和局域两种（张红军，2021）。

描述分析全国各省区苹果生产的空间特征，并进一步判断其在空间上是否存在集聚的特征，采用全局空间自相关更为合适（武红，2015；杨春、陆文聪，2010）。全局空间自相关统计量包括 Global Moran's I、Global Geary's 和 Getis'G 等（Srinivasan，2008），其中，Global Moran's I 指数更不易受偏离正态分布的影响（Griffith，1987）。因此，本研究选择最常用的 Global Moran's I 指数衡量中国苹果种植面积的全局空间自相关程度，具体计算方法如下：

$$Global\ Moran's\ I = \frac{1}{\sum\limits_{i=1}^{n}\sum\limits_{j=1}^{n}w_{ij}} * \frac{\sum\limits_{i=1}^{n}\sum\limits_{j=1}^{n}w_{ij}(x_i-\overline{x})(x_j-\overline{x})}{\sum\limits_{i=1}^{n}(x_i-\overline{x})^2/n}$$

$$(5-1)$$

其中，w_{ij} 表示空间权重矩阵 W 的元素，x_i 和 x_j 分别表示第 i 和第 j 省区的苹果种植面积，$i,j=1,2,\cdots,n$（n 为研究省区总数，$n=22$），$\overline{x}$ 表示所有省区苹果种植面积的平均值。Global Moran's I 指数取值在 $[-1,1]$ 之间，当取值为正数时，则说明苹果种植面积在区域之间存在空间正相关，且越趋向 1，集聚特征越明显；当取值为负数时，则说明苹果种植面积存在空间负相关，且越趋向 -1，离散特征越明显；当取值为 0 时，表明苹果种植面积不存在空间相关性。

与分析整体区域中某种属性空间分布的全局空间自相关相比，局域空间自相关考虑了局部范围内的空间关联关系（张军等，2011）。因此，本研究运用局域空间自相关分析每个省区与其邻近省区之间的苹果生产是否存在高值集聚或低值集聚。经过对比筛选，本研究最终选取局部莫兰指数（Local Moran's I）和 LISA（Local Indicators of Spatial Association）衡量区域内部各局部地区的苹果种植面积在空间上的集聚、异质或随机的分布特征，具体计算方法如下：

$$Local\ Moran's\ I = \frac{n(x_i - \bar{x}) \sum\limits_{j=1}^{n} w_{ij}(x_j - \bar{x})}{\sum\limits_{i=1}^{n} (x_i - \bar{x})^2} \qquad (5-2)$$

其中，n、x_i、x_j、$\bar{x}$、w_{ij} 含义与公式 5-1 相同。Local Moran's I 指数含义与 Global Moran's I 指数类似，正的 Local Moran's I 表明某省区的高（低）值被周围的高（低）值所包围；负的 Local Moran's I 表明某省区的高（低）值被周围的低（高）值所包围（陈强，2014）。

局域空间自相关可通过 Moran 散点图和局域空间自相关聚类图将苹果生产局部差异的空间格局可视化，Moran 散点图和局域空间自相关聚类图是根据 Local Moran's I 的数值大小及其显著性将 22 个苹果生产省区划分为四种类型，即高高（HH）、低高（LH）、低低（LL）、高低（HL）（王千等，2010）。其中，HH 类型表示某省区及其邻近省区的苹果种植面积均较大；LH 类型表示某省区的苹果种植面积较小，但其邻近省区的苹果种植面积较大；LL 类型表示某省区及其邻近省区的苹果种植面积均较小；HL 类型表示某省区的苹果种植面积较大，但其邻近省区的苹果种植面积较小。

（二）空间计量经济模型

对于苹果生产而言，部分区域苹果相对价格较高的外溢效应诱导其邻近区域扩大苹果种植面积，进而导致苹果生产布局集聚具有空间相关性。但现有关于苹果生产布局的研究在实证分析时大多采用面板数据模型，掩盖了空间差异的作用，忽视了空间效应对苹果生产布局集聚的影响，不符合地理学第一定律对于任何事物之间存在相关性的假设（Tobler，1979）。目前，空间计量分析方法是定量研究农业生产布局的有效手段（杨春、陆文聪，2008），通过加入空间互动效应获取其空间相关性的特征，从而进行更准确地分析。基于此，本研究运用空间面板数据模型（包括 SLM、SEM 和 SDM）对中国苹果生产布局集聚的影响因素进行定量分析。在不同系数设定条件下，SDM 可以转化为 SLM 或 SEM，是捕捉各类空间溢出效应的标准框架（邵帅等，2019）。

首先，本研究构建非空间效应的混合回归模型、随机效应模型与固定效应模型三种，并通过 rho 检验和 Hausman 检验判断模型估计形式。从经济学视角进行分析通常发现，不可观测的异质性可能会对解释变量有影响，即扰动项与某个（或某些）解释变量相关，固定效应模型的经济学应用比较常见（陈强，2014）。因此，本研究采用固定效应模型，更符合生产布局实际发展特征。为了保证模型选择的科学性，本研究也会通过数据来检验固定效应模型的适用性。Gafar（2006）研究发现对数线性模型比一般线性模型在参数估计时更具有优势，并且异方差问题可以通过使用双对数模型得到有效的缓解，同时，部分解释变量的数据存在较多为负的情况。基于上述两方面的考虑，本研究设定的固定效应面板数据模型如下：

$$\ln R_{it} = \beta_1 \ln Disa_{it} + \beta_2 \ln Aland_{it} + \beta_3 \ln Unagri_{it} + \beta_4 \ln Prof_{it} +$$
$$\beta_5 Irrig_{it} + \beta_6 \ln Traffic_{it} + \beta_7 \ln Unit_{it} + \beta_8 \ln Popul_{it} +$$
$$\beta_9 \ln Policy_1 + \beta_{10} \ln Policy_2 + \mu_i + \nu_t + \varepsilon_{it} \qquad (5-3)$$

其中，R_{it} 表示第 i 个省区第 t 年的苹果面积集中度指数，即第 i 个省区第 t 年的苹果种植面积占同期全国苹果种植面积的比重；$Disa_{it}$ 表示第 i 个省区第 t 年的苹果受灾面积；$Aland_{it}$ 表示第 i 个省区第 t 年的人均耕地面积，即第 i 个省区第 t 年的耕地面积与农村劳动力的比值；$Unagri_{it}$ 是指第 i 个省区第 t 年的非农就业机会，即第 i 个省区第 t 年的农村从事非农工作的人口数量占农村劳动力总数的比重；$Prof_{it}$ 表示第 i 个省区第 t 年的苹果比较收益，即第 i 个省区第 t 年的苹果种植面积占农作物播种面积的比重；$Irrig_{it}$ 表示第 i 个省区第 t 年的苹果有效灌溉面积；$Traffic_{it}$ 表示第 i 个省区第 t 年的运输交通网分布密度，即陆地交通（公路＋铁路）总运输距离与第 i 个省区的行政区划面积之比；$Unit_{it}$ 表示第 i 个省区第 t 年的苹果单产，以此表征苹果生产的科技进步；$Popul_{it}$ 表示第 i 个省区第 t 年的人口比例，即第 i 个省区第 t 年的人口数占同期全国人口数的比重，以此表征苹果消费需求；$Policy_1$ 和 $Policy_2$ 表示政策虚拟变量，分别表示"米袋子"省长负责制和苹果优势区域规划，以此反映国家宏观政策对中国苹果生产布局的影响；β_1，…，β_{10} 是需要估计的变量系数；μ_i 和 ν_t 分别是空间和时间的固定效应；ε_{it} 是随机误差项。

SLM 主要探讨变量在某个区域是否具有空间溢出效应。在本研究情境下，反映了苹果种植面积是否会受到周围其他省区的影响。模型表达如下：

$$\ln R_{it} = \delta \sum jw_{ij} \ln R_{it} + \beta_1 \ln Disa_{it} + \beta_2 \ln Aland_{it} + \beta_3 \ln Unagri_{it} +$$
$$\beta_4 \ln Prof_{it} + \beta_5 Irrig_{it} + \beta_6 \ln Traffic_{it} + \beta_7 \ln Unit_{it} +$$
$$\beta_8 \ln Popul_{it} + \beta_9 \ln Policy_1 + \beta_{10} \ln Policy_2 + \mu_i + \vartheta_t + \varepsilon_{it}$$

$$(5-4)$$

其中，δ 表示空间滞后项的回归系数；w_{ij} 表示空间权重矩阵，为了检验苹果生产的空间关联效应是否会因空间权重矩阵的不同而有所差异，即检验苹果生产的空间关联效应的稳健性。常用的空间权重矩阵大多基于邻接、地理距离、经济距离等，考虑到前两种是严格外生的，而最后一种带有较强的内生性，会使空间计量模型变得更加复杂（姜磊，2020），最终本研究选取基于邻接和地理距离的空间权重矩阵。其他变量含义与公式 5-3 相同。

公式 5-3 和公式 5-4 可能会存在遗漏变量的情况，而这些遗漏的变量之间又有可能具有空间相关性。鉴于此，本研究进一步构建 SEM 模型，表达如下：

$$\ln R_{it} = \gamma_1 \ln Disa_{it} + \gamma_2 \ln Aland_{it} + \gamma_3 \ln Unagri_{it} + \gamma_4 \ln Prof_{it} +$$
$$\gamma_5 Irrig_{it} + \gamma_6 \ln Traffic_{it} + \gamma_7 \ln Unit_{it} + \gamma_8 \ln Popul_{it} +$$
$$\gamma_9 \ln Policy_1 + \gamma_{10} \ln Policy_2 + \mu_i + \nu_t + \varphi_{it} \qquad (5-5)$$
$$\varphi_{it} = \lambda W \varepsilon + \mu \qquad (5-6)$$

其中，φ_{it} 表示空间自相关误差项；λ 表示空间误差系数；ε 和 μ 表示随机误差项向量；其他变量含义与公式 5-3 相同。

SDM 是空间计量模型分析的标准框架，其矩阵形式如下：

$$R_{it} = \lambda W R_{it} + \beta X_{it} + \delta W X_{it} + \varepsilon \qquad (5-7)$$

其中，R_{it} 表示苹果面积集中度指数；W 表示邻接空间权重矩阵或地理距离空间权重矩阵；WR_{it} 表示苹果面积集中度指数的空间滞后项；X_{it} 表示中国苹果生产布局集聚的影响因素，具体影响因素变量设置与含义见表 5-1；

ε 表示误差项。为克服模型中变量数据单位不一致对估计结果的影响，本研究对除政策虚拟变量外的其余变量均取对数。

　　非农就业机会采用农村非农劳动力占农村劳动力的比重表示（杨万江、陈文佳，2011）。由于缺乏部分省区苹果及其他农作物单位面积净收益的数据，本研究依据罗万纯和陈永福（2005）、张怡和王兆华（2018）的做法，使用各省区苹果种植面积占农作物播种总面积的比例表示苹果与其他作物的比较收益。对于技术进步变量，大多学者采用时间趋势来表示（刘天军、范英，2012；张聪颖等，2018），但对苹果生产而言，技术进步更多表现为单产提升（耿献辉等，2014b）。因此，为消除时间趋势影响，本研究使用苹果单产表示技术进步，并将 1978 年苹果单产水平设定为 1，以 1978 年为基期，对 1979—2016 年苹果单产标准化，以此表征各省区苹果技术进步水平。消费需求潜力使用各省区年末总人口占同期全国年末总人口的比重表示（张怡、王兆华，2018）。

表 5-1　变量设置与含义

变量		符号	变量含义	预期方向
因变量	苹果面积集中度指数（％）	R_{it}	本省苹果种植面积占全国苹果种植面积的比重	
自变量				
资源环境	苹果受灾面积（千公顷）	$Disa_{it}$	本省农作物受灾面积＊（本省苹果面积/本省农作物播种面积）	－
	人均耕地面积（千公顷/万人）	$Aland_{it}$	本省耕地面积/本省农村劳动力	＋
机会成本	非农就业机会（％）	$Unagri_{it}$	（本省农村劳动力－本省农林牧渔从业人员）/本省农村劳动力	－
	苹果比较收益（％）	$Profi_{it}$	本省苹果种植面积/本省农作物总面积	＋
基础设施	苹果有效灌溉面积（千公顷）	$Irrig_{it}$	本省农作物有效灌溉面积＊（本省苹果种植面积/本省农作物总面积）	＋
	运输密度（千米/万平方千米）	$Traffic_{it}$	（本省铁路＋本省公路）/本省行政面积	＋

（续）

变量		符号	变量含义	预期方向
技术进步	苹果单产（千克/公顷）	$Unit_{it}$	本省苹果产量/本省苹果种植面积	＋
消费需求	人口比例（％）	$Popul_{it}$	本省人口数/全国人口数	＋
政策环境	"米袋子"省长负责制	$Policy_1$	1995—1997 年为 1，其余年份为 0	—
	苹果优势区域规划	$Policy_2$	2003—2015 年为 1，其余年份为 0	＋

三、模型估计结果与分析

（一）全局空间自相关分析

运用 GeoDa 和 ArcGIS 软件对 1978—2018 年中国各省区的苹果种植面积进行空间自相关检验，结果见表 5-2、表 5-3。

1978—2018 年中国各省区苹果种植面积的 Global Moran's I 指数值如表 5-2 所示。可以看出，历年苹果种植面积的 Global Moran's I 指数均大于 0，且至少在 10％水平上显著，说明自 1978 年以来，中国省域层面的苹果生产具有显著的空间自相关性，并非随机分布。苹果生产水平比较接近的区域呈现空间集聚特征，即苹果种植面积较大的省区，其邻近省区的苹果种植面积也较大；苹果种植面积较小的省区，其邻近省区的苹果种植面积也较小。中国苹果生产呈现明显的空间溢出效应。

随着时间的推移，苹果种植面积的 Global Moran's I 指数呈"升—降—升—降"的类"M"型变化趋势，其检验统计量 Z 值也呈现同样的变化趋势。总体来看，苹果种植面积的 Global Moran's I 指数和 Z 统计量呈下降趋势，分别由 1978 年的 0.233 1 和 2.539 8 下降到 2018 年的 0.145 5 和 1.881 9，说明 1978 年以来中国苹果生产的空间集聚效应呈波浪式演进趋势，并且随着时间的推进，苹果种植面积的空间集聚程度具有逐渐减小的变化趋势。

表5-2 1978—2018年中国苹果种植面积的全局空间自相关系数

年份	Moran's I	Z值	年份	Moran's I	Z值	年份	Moran's I	Z值
1978	0.233 1**	2.539 8	1992	0.228 2**	2.559 9	2006	0.225 9**	2.357 7
1979	0.231 0**	2.515 2	1993	0.261 0***	2.748 4	2007	0.220 5**	2.312 3
1980	0.237 7**	2.553 2	1994	0.301 3***	3.009 7	2008	0.211 3**	2.311 3
1981	0.239 3**	2.548 4	1995	0.303 3***	3.013 9	2009	0.199 2**	2.240 0
1982	0.240 6**	2.563 9	1996	0.300 2***	2.980 4	2010	0.188 7**	2.164 7
1983	0.241 5***	2.589 7	1997	0.294 7***	2.925 4	2011	0.184 8**	2.155 0
1984	0.238 3**	2.573 2	1998	0.291 0***	2.873 4	2012	0.177 1**	2.095 5
1985	0.260 3***	2.833 1	1999	0.296 2**	2.895 9	2013	0.171 1**	2.032 1
1986	0.283 6***	3.054 5	2000	0.289 5**	2.831 9	2014	0.165 1**	1.984 6
1987	0.290 4***	3.087 1	2001	0.281 9***	2.763 9	2015	0.161 0**	1.962 9
1988	0.301 2***	3.150 8	2002	0.271 1***	2.676 8	2016	0.150 0*	1.872 4
1989	0.297 9***	3.090 4	2003	0.254 3**	2.554 8	2017	0.150 1*	1.887 4
1990	0.260 2***	2.746 6	2004	0.249 3**	2.519 5	2018	0.145 5*	1.881 9
1991	0.255 6***	2.669 0	2005	0.242 0**	2.462 9	—	—	—

注：*、**、***分别表示在10%、5%、1%水平上显著。

（二）局域空间自相关分析

利用 GeoDa 和 ArcGIS 软件计算各省区苹果种植面积的 Local Moran's I 指数值，并通过 LISA 聚类图将该指数在 5% 水平下显著的地区进行分类，结果如表5-3所示。

1978—2018年 HH 型和 LL 型的数量比重由 30.43% 下降到 26.09%，表明苹果种植面积的空间集聚特征减弱，这一结果与苹果种植面积的全局空间自相关的分析结果一致。具体来看，苹果种植面积较小的地区主要分布在长江以南的华东地区（包括福建和江西）和中南地区（包括湖南和广东），苹果种植面积较大的地区主要分布在北方中部地区（包括山西和河南）。HH 类型省区由 1978 年的河北、河南两省转变为 2018 年的山西、河南两省，苹果种植高集聚区明显向西南方向移动。2018 年山西、河南、湖南、江西、福建、广东、内蒙古、宁夏 8 个省区的局域空间相关系数均通过 5% 的显著性水平检验，其中，山西和河南两省与邻近省的苹果种植面积都较多，属于热点地区；湖南、江西、福建和广东四省与邻近地区的苹果种植面积都较少，属于冷点地区。由此表明，中国苹果种植面积主要集中分布在以山西和河南为中心的地区。

综上表明，从局域空间自相关分析来看，中国苹果生产集中分布于以山西和河南为中心的中西部地区，苹果主产区逐渐向西南方向转移。

表 5-3 1978—2018 年中国苹果种植面积的局域空间自相关性类型

类型	1978 年	1990 年	2000 年	2018 年
HH	河北，河南	山东，河北，河南	山西，河北，河南	山西，河南
LL	湖南，江西，福建，广东，广西	湖南，江西，福建，广东	湖南，江西，福建，广东	湖南，江西，福建，广东
LH	—	—	内蒙古	内蒙古，宁夏

（三）空间杜宾模型分析

在检验苹果生产存在空间相关性的基础上，本研究运用 Stata15.0 软件进行 LR 检验和 Hausman 检验。其中，LR 检验量在 1‰统计水平拒绝 SDM能退化为 SLM 或 SEM 的原假设；Hausman 统计量为－64.49，数值小于零，可以接受随机效应的原假设（陈强，2014），证明随机效应的空间杜宾模型实证结果是更为可靠的。因此，本研究采用随机效应的空间杜宾模型对中国苹果生产布局集聚格局变化驱动因素的影响方向和影响强度进行实证分析，模型估计结果见表 5-4。

此外，为了对比在不考虑空间效应和考虑空间效应时的模型估计结果差异，本研究运用普通面板数据模型、基于邻接和地理距离空间权重矩阵的SDM 对比分析了中国苹果生产布局演变的驱动因素。其中，普通面板数据模型的 Hausman 检验结果表明，卡方值为 226.67，p 值为 0.000 0，因此本研究运用普通面板数据的固定效应模型。

表 5-4 空间杜宾模型估计结果

解释变量	面板数据模型		邻接矩阵		地理距离矩阵	
	系数	标准误	系数	标准误	系数	标准误
苹果受灾面积	0.000 1	0.000 1	0.039 1***	0.012 8	0.036 3**	0.015 4

（续）

解释变量	面板数据模型		邻接矩阵		地理距离矩阵	
	系数	标准误	系数	标准误	系数	标准误
人均耕地面积	0.000 2	0.000 5	0.087 5	0.068 9	0.045 4	0.066 4
非农就业机会	−0.075 0***	0.018 7	−0.025 6	0.040 2	−0.052 4	0.038 6
苹果比较收益	1.411 2***	0.208 1	0.457 3***	0.150 1	0.478 5***	0.131 6
苹果有效灌溉面积	0.000 2	0.000 1	0.454 7***	0.145 0	0.431 3***	0.138 6
运输密度	0.002 9	0.002 8	0.211 3**	0.090 7	0.221 2**	0.091
苹果单产	0.000 3	0.000 3	0.027 9	0.020 7	0.024 0	0.016 1
人口比例	0.872 6*	0.509 0	0.377 4	0.257 3	0.300 2	0.240 2
"米袋子"省长负责制	−0.019 3	0.005 1	−0.011 2***	0.012 1	−0.129 7***	0.011 9
苹果优势区域规划	0.001 6***	0.001 5	0.087 0**	0.015 1	0.168 1***	0.079 2
常数项	−0.018 5	0.011 8	−1.908 5	1.569 2	−2.185 0	1.913 1
观察值	902		902		902	
R^2	0.798 6		0.876 6		0.906 2	

注：*、**、***分别表示在10％、5％、1％水平上显著；表中标准误为稳健标准误。

由表5-4看出，在考虑空间效应的情况下，基于邻接和地理距离空间权重矩阵的SDM比面板数据模型的拟合效果更好，说明忽视苹果生产在空间维度的相关性和异质性不能准确解释苹果生产布局演变的主要动因。同时也可以发现，使用两种空间权重矩阵的实证结果基本没有发生大的变化，表明SDM估计结果比较稳健。由于基于地理距离空间权重矩阵的SDM拟合效果更好（R^2=0.906 2），因此，对实证结果的解释以该模型的估计结果为准。从各系数的显著性来看，苹果受灾面积、苹果比较收益、苹果有效灌溉面积、运输密度、"米袋子"省长负责制和苹果优势区域规划六个变量对中国苹果生产布局集聚格局变化具有显著影响，并且影响程度由大到小依次为：苹果比较收益、苹果有效灌溉面积、运输密度、苹果优势区域规划、"米袋子"省长负责制和苹果受灾面积。其余变量虽不显著，但与假设预期方向一致。具体来看：

（1）苹果比较收益是影响中国苹果生产布局集聚格局变动的最重要因素。表5-4的估计结果显示，苹果比较收益变量的系数为0.478 5，并通过1％的显著性检验，与假设H4预期方向一致，且影响程度最大，表明农户遵循收益最大化原则，通过对当地不同作物之间的经济效益进行比较来确定最优的农业生产方案（张怡、王兆华，2018）。当区域内苹果收益高于其他作物收益时，理性农户会选择种植苹果，增加苹果种植面积，有利于提高区域苹果生产集中度（关佳晨、蔡海龙，2019）。

（2）基础设施建设是影响中国苹果生产布局集聚格局变动的第二重要因素。表5-4的估计结果显示，苹果有效灌溉面积和运输密度两个变量的系数分别为0.431 3和0.221 2，并分别通过1%和5%的显著性检验，与假设H5和H6预期方向一致，说明水利系统和交通运输等基础设施建设对中国苹果生产布局集聚格局变动具有显著正向影响。因为水利和交通等设施有利于改善苹果生产条件，保障苹果产量的稳定性，同时，增强交通运输通达程度可以有效缩短地区之间的时间距离，有利于提高苹果流通效率，为苹果生产物资配送和产销对接提供便利，有助于苹果市场价值的实现与提升（张聪颖等，2018），也有助于在增强苹果生产能力的同时推动苹果生产集聚（贺亚亚、李谷成，2016）。

（3）政策环境是影响中国苹果生产布局集聚格局变动的又一重要因素。表5-4的估计结果显示，苹果优势区域规划和"米袋子"省长负责制两个变量的系数分别为0.168 1和−0.129 7，并且均通过1%的显著性检验，说明国家苹果产业政策和粮食政策对中国苹果生产布局集聚格局变动影响显著。其中，"米袋子"省长负责制对中国苹果生产布局集聚有显著的负向影响，本研究的假设H9成立，说明粮食安全政策促使粮食耕种面积不断扩大，对苹果种植所需的土地资源产生挤出效应（刘天军、范英，2012）；苹果优势区域规划政策对中国苹果生产布局集聚格局变动具有显著正向影响，与假设H10预期方向一致，说明苹果优势区域规划引导苹果生产向黄土高原和渤海湾优势区集中，有利于中国苹果生产布局向优势区集聚（白秀广等，2015）。

（4）地理气候条件对中国苹果生产布局集聚格局变动有显著影响。表5-4的估计结果显示，苹果受灾面积变量的系数为0.036 3，在5%的水平上显著，表明苹果的受灾状况对中国苹果生产布局集聚格局变动具有显著正向影响，与假设H1预期方向不一致。一方面，可能是因为随着果园装备及基础设施升级完善，苹果生产的防灾减灾能力增强，自然灾害对苹果生产的负面影响被降到最低,并且不是影响农户种植苹果的关键因素(杨万江、陈文佳,2011)。另一方面,可能是因为虽然苹果相对价格较高的外溢效应、产业扶贫的政策支持、农户个人理性的异质性差异等因素诱导苹果非适生区和次生区农户种植苹果,但非适生区和次生区苹果受灾的概率较大,农户苹果经营风险、成本和收益损失较高,导致苹果的质量和产量无法得到稳定保障,进而促使非适生区和次生区农户逐渐减少苹果种植面积,并转向种植区域内其他适宜作物,最终导致苹果生产逐渐向优势区集聚。因此,苹果受灾面积对中国苹果生产布局集聚格局变动产生正向影响。

四、本章小结

本章在运用空间统计方法分析 1978—2018 年中国苹果生产布局演变的空间相关特征基础上,采用空间计量经济学分析方法从资源环境、机会成本、基础设施、技术进步、消费需求和政策环境六个方面对中国苹果生产布局集聚格局变动的驱动因素进行定量分析。结果表明:①中国苹果生产空间布局集聚存在显著的空间自相关性,但其空间集聚程度减小,苹果种植面积的热点区域由 1978 年的河北、河南演变为 2018 年的山西、河南,苹果主产区由东部地区逐渐向中部地区转移;②苹果比较收益、苹果有效灌溉面积、运输密度、苹果优势区域规划、"米袋子"省长负责制和苹果受灾面积等因素是影响中国苹果生产布局集聚的主要动因。其中,苹果比较收益、苹果有效灌溉面积、运输密度、苹果优势区域规划和苹果受灾面积对中国苹果生产布局集聚具有显著正向影响,"米袋子"省长负责制对中国苹果生产布局集聚具有显著负向影响。

第六章 中国苹果生产布局优势评价分析

虽然市场资源配置作用下的区域比较优势是推动苹果生产布局调整的根本动力（张宇翔，2020），但合理的苹果生产布局更应充分利用区域资源禀赋和发挥区域比较优势。在商品经济条件下，基于收入最大化或比较收益原则的农户会根据经济效益、自然环境、技术进步和政策等因素合理调整种植结构。其中，苹果生产的经济效益直接促动其产业布局的形成与变化（范英，2010）。为探究改革开放以来中国苹果生产布局演变与区域比较优势之间的关系，本研究从经济效益和比较优势视角研究中国苹果生产布局变迁的原因，并在此基础上评价中国苹果生产布局的适宜性和合理性。

在中国的农业生产情境中，农户家庭收入的来源主要分为农业收入和非农收入。受有限理性和信息不完备的制约，追求自身效益最大化的农户的苹果种植行为既受非农产业工资水平的影响，也受农业产业内部不同作物之间预期比较效益的影响。因此，苹果生产的比较效益是其布局变化最直接的影响因素，区域间的苹果生产布局变化也是依据比较优势分工的结果。上一章的空间计量经济学模型结果也证实了苹果比较收益是影响中国苹果生产布局集聚格局变动的最重要因素。因此，本研究基于比较优势理论评价中国苹果生产布局的合理性。

一、苹果生产区域比较优势水平测算

合理的指标设计和测算方法是评价中国苹果生产布局适宜性的重要前提。衡量苹果生产的区域比较优势需要综合比较各区域的自然气候条件、产业发展状况、农作物之间的比较收益和要素投入状况、农业产业政策和市场发育水平等重要层面之间的差异（杨慧莲等，2017）。虽然现有的基于不同标准与角度测算农产品比较优势的方法和指标很多，但大多数学者更多使用可以间接衡量农产品生产潜在比较优势的综合比较优势指数法（Aggregate Advantage Index，以下简称"AAI"）（范英，2010）。因此，本研究基于苹果单产、种植面积等数据构建苹果生产效率比较优势指数（Efficiency Advantage Index，以下简称"EAI"）、规模比较优势指数（Scale Advantage Index，以下简称"SAI"）和 AAI，测算中国 22 个苹果生产省区各项比较优势指数值及其 41 年间的变动特征。

（一）苹果效率比较优势指数

EAI 是对不同区域在苹果单产水平上的差别进行比较，反映了各区域由自然资源、科技进步、资金投入、人力资本等生产要素综合决定的苹果生产率水平（章胜勇，2005）。EAI 的计算公式如下：

$$EAI_{ij} = \frac{AP_{ij}/AP_i}{AP_j/AP} \qquad (6-1)$$

其中，EAI_{ij} 是第 i 个省区的苹果效率比较优势指数；AP_{ij} 是第 i 个省区的苹果单产；AP_i 是第 i 个省区所有水果作物单产的平均值；AP_j 是全国苹果单产的平均值；AP 表示全国所有水果作物单产的平均值；$i=1,\cdots,22$，$j=$ 苹果。

根据 EAI_{ij} 是否高于 1 可以判断第 i 个省区的苹果生产是否具有效率优势，EAI_{ij} 越大表示效率优势越明显，第 i 个省区苹果的生产力水平越高。$EAI_{ij} > 1$ 说明第 i 个省区苹果生产与全国平均水平相比具有效率比较优势，也就是说，其具备某种程度的高产优势（范英，2010）。EAI_{ij} 随时间增大，说明第 i 个省区苹果的效率比较优势和生产力水平呈上升趋势。

（二）苹果规模比较优势指数

SAI 可以衡量各区域的苹果生产在全国苹果产业中的地位，反映了各区域在资源禀赋、市场需求、产业结构、要素投入、政策支持等因素相互作用下的苹果生产规模及集中化程度（于法稳，2012）。适度规模水平的苹果生产经营可以有效降低苹果生产投入成本，形成一定的规模经济效益，提高苹果生产的相对收益和优势（李瑾、秦向阳，2009）。一般来说，如果某个地区长期具有较大的苹果种植面积，也反映了其拥有的苹果市场需求和收益较高。SAI 的计算公式如下：

$$SAI_{ij} = \frac{GS_{ij}/GS_i}{GS_j/GS} \qquad (6-2)$$

其中，SAI_{ij} 是第 i 个省区的苹果规模比较优势指数；GS_{ij} 和 GS_j 分别是第 i 个省区的和全国的苹果种植面积；GS_i 和 GS 分别是第 i 个省区和全国所有水果作物的面积，$i = 1, \cdots, 22$，$j = $ 苹果。

根据 SAI_{ij} 是否高于 1 可以判断第 i 个省区在苹果生产方面是否具有规模比较优势，SAI_{ij} 越大，说明第 i 个省区在苹果生产规模上更具有相对优势，其专业化程度更高。$SAI_{ij} > 1$ 说明第 i 个省区苹果生产与全国平均水平相比具有规模比较优势。如果第 i 个省区的苹果种植面积随时间不断增大，则 SAI_{ij} 会呈上升趋势（李雨凝，2016）。

（三）苹果综合比较优势指数

某个区域在苹果生产方面是否具有比较优势，需要综合考虑其在规模和效率上的相对优势，AAI 是衡量各区域苹果生产优势度的重要指标（张琦、李军，2018），规模和效率任意一个因素的劣势均会对区域苹果生产的总体比较优势产生一定程度的负向影响。为反映在区域苹果生产比较优势形成过程中市场区位因素、资源因素、效益因素的相互制约关系，本研究借鉴宋晓丽等（2018）和乔志霞等（2016）构建 AAI 的做法，采用 EAI 与 SAI 的几何平均数来测算各区域的苹果生产比较优势。因为 AAI 不仅克服了 EAI 未充分考虑市场和自然等因素的缺陷，又弥补了 SAI 对技术进步等因素考虑不足的缺陷（龚立新，2019）。AAI 的计算公式如下：

$$AAI_{ij} = \sqrt{EAI_{ij} \times SAI_{ij}} \qquad (6-3)$$

根据 AAI_{ij} 是否高于 1 可以判断第 i 个省区在苹果生产方面是否具有比较优势，AAI_{ij} 越大，说明第 i 个省区的苹果生产比较优势越明显。$AAI_{ij} > 1$ 说明第 i 个省区与全国平均水平相比具有苹果生产比较优势。如果 AAI_{ij} 随时间增大，则第 i 个省区应该坚持苹果生产（李雨凝，2016）。

二、苹果生产区域比较优势变迁分析

本研究测算了全国 22 个省区的三种比较优势指数，并通过对比其差异来分析苹果生产比较优势在各区域之间的变迁规律。

（一）苹果效率比较优势指数分析

表 6 - 1 报告了 1978—2018 年各产区的苹果效率比较优势指数（EAI）变化情况，具体来看：

（1）渤海湾优势区的苹果效率比较优势指数变化总体呈先增后减的"倒 U"型趋势。渤海湾优势区的苹果效率比较优势指数由 1978 年的 0.94 下降到 2018 年的 0.60，下降了 36.17 个百分点。其中，作为渤海湾优势区苹果主产省的辽宁和山东的苹果效率比较优势指数分别下降了 60.28％ 和 12.12％，导致渤海湾优势区的苹果效率比较优势指数总体下滑。此外，北京和河北的苹果效率比较优势指数分别下降了 61.29％ 和 35.37％，但天津的苹果效率比较优势指数增加了 15.52％。

（2）黄土高原优势区的苹果效率比较优势指数总体呈上升趋势。黄土高原优势区的苹果效率比较优势指数由 1978 年的 0.76 上升到 2018 年的 0.89，增加了 17.11 个百分点，在五大苹果产区中具有明显的高产优势。其中，作为黄土高原优势区第一苹果生产大省的陕西的苹果效率比较优势指数从 1978 年的 0.65 上升到 2018 年的 0.75，增加了 15.38 个百分点。此外，山西的苹果效率比较优势指数增加了 57.89％，但宁夏和甘肃的苹果效率比较优势指数分别下降了 79.02％ 和 25.37％。

（3）黄河故道产区的苹果效率比较优势指数增长明显。黄河故道产区的苹果效率比较优势指数从 1978 年的 0.51 上升到 2018 年的 0.89，增加了 74.51 个百分点。其中，作为黄河故道产区苹果主产省的河南的苹果效率比较优势指数增加了 64.62 个百分点。此外，安徽和江苏的苹果效率比较优势指数分别增加了 139.47％ 和 34.62％。

（4）西南冷凉高地产区的苹果效率比较优势指数略有增加。西南冷凉高地产区的苹果效率比较优势指数从 1978 年的 0.72 上升到 2018 年的 0.74，增加了 2.78 个百分点。其中，贵州、云南和四川的苹果效率比较优势指数分别增加了 738.46％、24.44％和 20.00％，而西藏下降了 70.63％。

（5）特色产区的苹果效率比较优势指数明显下降。特色产区的苹果效率比较优势指数由 1978 年 0.86 下降到 2018 年 0.51，下降了 40.70 个百分点。其中，除湖北的苹果效率比较优势指数有所增加外，黑龙江、内蒙古、吉林和新疆的苹果效率比较优势指数分别下降了 66.12％、58.82％、52.24％和 14.68％。

表 6 - 1　1978—2018 年中国各省区苹果效率比较优势指数（EAI）变化

苹果区划	省区	1978 年	1980 年	1990 年	2000 年	2010 年	2018 年
渤海湾产区	山东	0.99	0.98	1.23	0.89	0.87	0.87
	北京	0.93	0.93	1.05	0.97	0.74	0.36
	天津	0.58	0.65	1.25	0.78	0.93	0.67
	河北	0.82	0.76	1.08	0.65	0.70	0.53
	辽宁	1.41	1.49	1.69	0.76	0.81	0.56
	小计	0.94	0.96	1.26	0.81	0.81	0.60
黄土高原产区	陕西	0.65	0.72	1.18	1.02	0.89	0.75
	甘肃	0.67	0.78	0.89	0.71	0.75	0.50
	青海	0.48	0.97	1.09	0.64	0.69	2.00
	宁夏	1.43	1.31	1.08	1.29	1.16	0.30
	山西	0.57	0.63	0.90	0.99	0.96	0.90
	小计	0.76	0.88	1.03	0.93	0.89	0.89
黄河故道产区	江苏	0.52	0.72	0.67	0.94	0.96	0.70
	安徽	0.38	0.56	0.91	0.81	0.79	0.91
	河南	0.65	0.71	1.33	0.87	0.94	1.07
	小计	0.51	0.66	0.97	0.87	0.90	0.89
西南冷凉高地产区	四川	0.70	0.58	0.61	0.63	1.01	0.84
	贵州	0.13	0.09	0.25	0.18	0.37	1.09
	云南	0.45	0.38	0.46	0.46	0.55	0.56
	西藏	1.60	1.44	1.23	0.64	0.53	0.47
	小计	0.72	0.62	0.64	0.48	0.61	0.74
特色产区	内蒙古	1.19	0.80	1.27	0.50	0.44	0.49
	吉林	0.67	1.02	1.77	0.76	0.72	0.32

（续）

苹果区划	省区	1978年	1980年	1990年	2000年	2010年	2018年
特色产区	黑龙江	1.21	1.26	1.08	0.76	0.57	0.41
	湖北	0.14	0.14	1.09	0.28	0.35	0.38
	新疆	1.09	0.91	1.15	0.85	1.08	0.93
	小计	0.86	0.83	1.27	0.63	0.63	0.51

注：表中"小计"为各产区的苹果效率比较优势指数。

以上结果表明，黄土高原优势区和黄河故道产区的苹果效率比较优势持续上升，而渤海湾优势区和特色产区的苹果效率比较优势逐步下降，西南冷凉高地产区的苹果效率比较优势略有增加。

从苹果生产省区的分布格局来看，1978—2018年，在中国七个苹果主产省区中，陕西、山西和河南等中西部省区的苹果效率比较优势上升明显，并逐渐成为中国苹果生产的中心区域，而山东、辽宁、河北、甘肃等传统苹果生产大省的苹果效率比较优势逐渐下降，2018年七大主产省区中只有河南的EAI＞1，说明其苹果单产水平较高。2018年河南苹果单产为31 192.87千克/公顷，而全国平均单产仅20 237.80千克/公顷，河南具有明显的苹果效率比较优势，且其苹果效率比较优势指数年平均增长率高达1.26％，在七个苹果主产省区中高居首位。而其他主产省区的苹果效率比较优势指数EAI＜1，说明苹果生产能力处于低产水平。但山西和陕西的苹果效率比较优势指数呈增长态势，两省的苹果效率比较优势指数的年平均增长率分别为1.14％和0.37％。

总体来看，1978—2018年中国苹果效率比较优势指数在波动中趋于稳定，总体平均水平偏低，2018年全国苹果效率比较优势指数平均水平为0.71，与1978年相比降低了9.42％，并且各苹果生产省区的EAI在0.30～2.00之间，且差异较大，大部分省区不具有效率比较优势，22个苹果生产省区中只有青海、贵州和河南三个省区的苹果效率比较优势指数EAI＞1，与1978年的6个省区相比减少了一半。

（二）苹果规模比较优势指数分析

表6-2报告了1978—2018年各产区的苹果规模比较优势指数（SAI）

变化情况，具体来看：

（1）渤海湾优势区的苹果规模比较优势指数总体呈增长趋势。渤海湾优势区的苹果规模比较优势指数由 1978 年的 1.16 上升到 2018 年的 1.61，增加了 38.79 个百分点。其中，作为渤海湾优势区苹果主产省的河北、辽宁和山东的苹果规模比较优势指数分别增加了 79.22％、73.19％和 67.68％，导致渤海湾优势区的苹果规模比较优势指数总体增加。此外，天津和北京的苹果规模比较优势指数分别下降了 41.07％和 3.37％。

（2）黄土高原优势区的苹果规模比较优势突出。黄土高原优势区的苹果规模比较优势指数由 1978 年的 1.45 上升到 2018 年的 2.57，增加了 77.24 个百分点，在五大苹果产区中居于首位，具有明显的规模比较优势。其中，作为黄土高原优势区苹果主产省的甘肃和陕西的苹果规模比较优势指数分别从 1978 年的 1.58 和 1.33 增加到 2018 年的 4.58 和 3.29，分别增加了 1.90 倍和 1.47 倍。此外，山西和宁夏的苹果规模比较优势指数分别增加了 74.13％和 61.74％，但青海的苹果规模比较优势指数下降了 62.07％。

（3）黄河故道产区的苹果规模比较优势指数略有下降。黄河故道产区的苹果效率比较优势指数从 1978 年的 1.12 下降到 2018 年的 1.07，下降了 4.46 个百分点。其中，安徽和江苏的苹果规模比较优势指数分别下降了 44.09％和 7.37％，但作为黄河故道产区苹果主产省的河南的苹果规模比较优势指数增加了 22.97 个百分点，冲抵了其他两个省区苹果规模比较优势指数的下降趋势。

表 6 - 2　1978—2018 年中国各省区苹果规模比较优势指数（SAI）变化

苹果区划	省区	1978 年	1980 年	1990 年	2000 年	2010 年	2018 年
渤海湾产区	山东	1.64	1.79	2.06	2.30	2.46	2.75
	北京	0.89	0.94	1.16	0.85	0.67	0.86
	天津	1.12	1.07	1.07	1.09	0.74	0.66
	河北	0.77	0.84	1.07	1.25	1.35	1.38
	辽宁	1.38	1.50	1.75	1.97	1.92	2.39
	小计	1.16	1.23	1.42	1.49	1.43	1.61
黄土高原产区	陕西	1.33	1.28	2.06	2.36	3.00	3.29
	甘肃	1.58	1.70	2.22	2.43	3.45	4.58
	青海	1.74	1.82	2.53	3.05	2.22	0.66

（续）

苹果区划	省区	1978 年	1980 年	1990 年	2000 年	2010 年	2018 年
黄土高原产区	宁夏	1.15	1.35	2.55	1.96	1.82	1.86
	山西	1.43	1.44	1.74	2.44	2.52	2.49
	小计	1.45	1.52	2.22	2.45	2.60	2.57
黄河故道产区	江苏	0.95	0.94	1.40	1.28	0.96	0.88
	安徽	0.93	0.92	1.03	1.03	0.85	0.52
	河南	1.48	1.44	1.83	2.31	2.10	1.82
	小计	1.12	1.10	1.42	1.54	1.30	1.07
西南冷凉高地产区	四川	0.59	0.49	0.35	0.30	0.21	0.26
	贵州	0.72	0.83	0.42	0.43	0.23	0.19
	云南	0.68	0.70	0.91	0.87	0.53	0.53
	西藏	2.44	1.60	2.82	3.63	3.97	3.06
	小计	1.11	0.90	1.13	1.31	1.24	1.01
特色产区	内蒙古	1.07	1.10	1.14	1.34	1.85	1.88
	吉林	0.94	0.91	0.20	0.83	1.26	1.46
	黑龙江	0.20	0.28	1.88	2.34	1.70	2.61
	湖北	0.54	0.54	0.18	0.15	0.02	0.02
	新疆	0.77	0.76	0.67	0.71	0.40	0.53
	小计	0.70	0.72	0.81	1.07	1.05	1.30

注：表中"小计"为各产区的苹果规模比较优势指数。

（4）西南冷凉高地产区的苹果规模比较优势指数有所下降。西南冷凉高地产区的苹果规模比较优势指数从 1978 年的 1.11 下降到 2018 年的 1.01，下降了 9.01 个百分点。其中，贵州、四川和云南的苹果规模比较优势指数分别下降了 73.61％、55.93％和 22.06％，而西藏的苹果规模比较优势指数增加了 25.41％。

（5）特色产区的苹果规模比较优势指数明显增加。特色产区的苹果规模比较优势指数由 1978 年 0.70 上升到 2018 年 1.30，增加了 85.71 个百分点。其中，除湖北和新疆的苹果规模比较优势指数有所下降外，黑龙江、内蒙古和吉林的苹果规模比较优势指数分别增加了 1 205.00％、75.70％和 55.32％。

以上结果表明，黄土高原优势区的苹果规模比较优势不断显现，且在五大产区中具有最显著的苹果规模比较优势，现已成为中国最大的苹果产区。渤海湾优势区和特色产区的苹果规模比较优势均有所上升，而黄河故道产区和西南冷凉高地产区的苹果规模比较优势逐步下降。

从苹果生产省区分布格局来看，1978—2018 年，在中国七个苹果主产省区中，陕西和甘肃等西部省份的苹果规模比较优势凸显，且陕西和甘肃两省的苹果规模比较优势指数均增长了 1 倍多，并呈递增趋势，已逐渐成为中国苹果生产的重点省区。同时，山东、辽宁、河北、河南、山西的苹果规模比较优势指数也有不同程度的增长。2018 年七大主产省区的 SAI 均大于 1，其中，甘肃、陕西、山东、山西和辽宁的 SAI＞2，表明相对于本地区其他水果，上述五个省区的苹果种植规模和生产专业化程度较高，规模水平具有明显的比较优势。河南和河北的苹果规模比较优势指数 2＞SAI＞1，说明具有较强的规模优势。从发展趋势来看，甘肃和陕西的苹果规模比较优势指数增长趋势明显，两省区苹果规模比较优势指数的年平均增长率分别高达 2.70％和 2.30％。此外，河北、山西、辽宁、山东和河南等五个省区的苹果规模比较优势指数的年平均增长率分别为 1.49％、1.39％、1.37％、1.29％和 0.51％。

总体来看，1978—2018 年中国苹果规模比较优势指数总体呈增长态势，2018 年全国苹果规模比较优势指数平均水平为 1.58，与 1978 年相比增长了 42.34％。各苹果生产省区的 SAI 在 0.02～4.58 之间，且差异较大，部分省区不具有规模比较优势，22 个苹果生产省区中有 10 个省区的苹果规模比较优势指数小于 1。此外，如果 SAI 的方差越大，则苹果生产的区域特征越明显（刘昊一等，2019），2018 年 SAI 的方差为 1.45，说明苹果种植主要集中在部分省区。

（三）苹果综合比较优势指数分析

表 6-3 报告了 1978—2018 年各产区的苹果综合比较优势指数（AAI）变化情况，具体来看：

（1）渤海湾优势区的苹果综合比较优势指数总体略有下降。渤海湾优势区的苹果综合比较优势指数由 1978 年的 1.04 下降到 2018 年的 0.96，下降了 7.69 个百分点。其中，北京、辽宁和天津的苹果综合比较优势指数分别下降了 38.46％、17.14％和 16.25％，导致渤海湾优势区的苹果综合比较优势指数总体下降。但作为渤海湾优势区苹果主产省的山东和河北的苹果综合比较优势指数分别增加了 21.26％和 8.86％，抵冲了其他省份对苹果综合比较优势指数的拉低作用。

（2）黄土高原优势区的苹果综合比较优势持续居于高位。黄土高原优势区的苹果综合比较优势指数由 1978 年的 1.01 上升到 2018 年的 1.30，增加了 28.71 个百分点，在五大苹果产区中持续居于首位，具有明显的综合比较优势。其中，作为黄土高原优势区苹果主产省的陕西、山西和甘肃的苹果综合比较优势指数分别从 1978 年的 0.93、0.91 和 1.03 上升到 2018 年的 1.57、1.50 和 1.51，分别增加了 68.82％、64.84％和 46.60％。此外，青海的苹果综合比较优势指数也增加了 25.00％，但宁夏的苹果综合比较优势指数下降了 42.19％。

表 6 - 3　1978—2018 年中国各省区苹果综合比较优势指数（AAI）变化

苹果区划	省区	1978 年	1980 年	1990 年	2000 年	2010 年	2018 年
渤海湾产区	山东	1.27	1.32	1.59	1.43	1.47	1.54
	北京	0.91	0.94	1.10	0.91	0.70	0.56
	天津	0.80	0.84	1.15	0.92	0.83	0.67
	河北	0.79	0.80	1.08	0.90	0.97	0.86
	辽宁	1.40	1.50	1.72	1.23	1.25	1.16
	小计	1.04	1.08	1.33	1.08	1.04	0.96
黄土高原产区	陕西	0.93	0.96	1.56	1.55	1.63	1.57
	甘肃	1.03	1.15	1.40	1.32	1.61	1.51
	青海	0.92	1.33	1.66	1.40	1.24	1.15
	宁夏	1.28	1.33	1.66	1.59	1.45	0.74
	山西	0.91	0.95	1.25	1.56	1.56	1.50
	小计	1.01	1.15	1.51	1.48	1.50	1.30
黄河故道产区	江苏	0.70	0.82	0.97	1.10	0.96	0.79
	安徽	0.59	0.72	0.97	0.91	0.82	0.69
	河南	0.98	1.01	1.56	1.41	1.41	1.40
	小计	0.76	0.85	1.16	1.14	1.06	0.96

（续）

苹果区划	省区	1978 年	1980 年	1990 年	2000 年	2010 年	2018 年
西南冷凉高地产区	四川	0.64	0.53	0.46	0.44	0.46	0.46
	贵州	0.31	0.27	0.32	0.27	0.29	0.46
	云南	0.56	0.52	0.65	0.63	0.54	0.55
	西藏	1.97	1.52	1.86	1.52	1.45	1.20
	小计	0.87	0.71	0.82	0.72	0.68	0.67
特色产区	内蒙古	1.13	0.94	1.20	0.82	0.90	0.96
	吉林	0.79	0.96	0.60	0.79	0.96	0.68
	黑龙江	0.49	0.59	1.43	1.33	0.99	1.04
	湖北	0.27	0.28	0.44	0.21	0.09	0.08
	新疆	0.91	0.83	0.88	0.78	0.65	0.70
	小计	0.72	0.72	0.91	0.79	0.72	0.69

注：表中"小计"为各产区的苹果综合比较优势指数。

（3）黄河故道产区的苹果综合比较优势指数有所上升。黄河故道产区的苹果综合比较优势指数从 1978 年的 0.76 上升到 2018 年的 0.96，增加了 26.32 个百分点。其中，作为黄河故道产区苹果生产省的河南的苹果综合比较优势指数上升最明显，增加了 42.86 个百分点，安徽和江苏的苹果综合比较优势指数也分别增加了 16.95％和 12.86％。

（4）西南冷凉高地产区的苹果综合比较优势指数有所下降。西南冷凉高地产区的苹果综合比较优势指数从 1978 年的 0.87 下降到 2018 年的 0.67，下降了 22.99 个百分点。其中，西藏、四川和云南分别下降了 39.09％、28.13％和 1.79％，而贵州增加了 48.39％。

（5）特色产区的苹果综合比较优势指数略有下降。特色产区的苹果综合比较优势指数由 1978 年 0.72 下降到 2018 年 0.69，下降了 4.17 个百分点。其中，除黑龙江的苹果综合比较优势指数有所上升外，湖北、内蒙古和吉林的苹果综合比较优势指数分别下降了 70.37％、15.04％和 13.92％。

以上结果表明，黄土高原优势区的苹果综合比较优势持续处于领先地位，且在五大产区中具有最显著的苹果综合比较优势；渤海湾优势区和黄河故道产区的苹果综合比较优势相当，均处于中等水平；而特色产区和西南冷凉高地产区的苹果综合比较优势逐步下降。

在七个苹果主产省中，陕西和山西的苹果综合比较优势凸显，两省的苹果综合比较优势指数增长均超过 65%，并呈递增趋势，甘肃、河南、山东和河北的苹果综合比较优势指数也有不同程度的上升。除河北外，其余六个主产省 2018 年的苹果综合比较优势指数均大于 1。其中，陕西、山东和甘肃的 AAI>1.50，表明上述三个省区的苹果生产能力最高，具有比较明显的地区生产优势，这主要是因为上述三个省份的 SAI 高；山西和河南的 AAI 分别为 1.50 和 1.40，苹果生产能力居中，虽然山西和河南的苹果效率比较优势指数高，但这两个省区的苹果生产规模优势指数较低；辽宁和河北的苹果综合比较优势指数分别为 1.16 和 0.86，苹果生产能力较低，这主要是因为辽宁和河北的苹果效率和规模比较优势指数均相对较低。此外，苹果综合比较优势指数高于全国平均水平的省区还有西藏、辽宁、青海和黑龙江。从发展趋势来看，陕西、山西、甘肃和河南的苹果综合比较优势指数上升趋势明显，上述四个省区苹果综合比较优势指数的年平均增长率分别为 1.33%、1.26%、0.97%和 0.89%，说明这四个省份具有明显的苹果生产优势。与此同时，山东和河北的苹果综合比较优势指数也有所上升，上述两个省区苹果综合比较优势指数的年平均增长率分别为 0.48%和 0.19%。而作为传统苹果生产大省的辽宁的苹果综合比较优势指数呈下降趋势，其苹果综合比较优势指数年平均增长率为−0.46%。

从表 6-3 还可以看出，2018 年安徽、吉林、天津、北京、云南、四川、贵州、湖北等八个省区的苹果综合比较优势指数均小于 0.7，表明与全国平均水平相比，上述八个省区在苹果生产方面并不具有比较优势。其中，湖北的苹果综合比较优势指数最低，仅为 0.08。

总体来看，1978—2018 年中国苹果综合比较优势指数在波动中趋于稳定，2018 年全国苹果综合比较优势指数平均水平为 0.92，与 1978 年相比增长了 3.41%，各苹果生产省区的 AAI 在 0.08～1.57 之间，且差异较大，22 个苹果生产省区中只有 9 个省区的 AAI>1，大部分省区不具有苹果生产优势。

可以看出，AAI 与 EAI 具有相对一致的变化趋势。究其原因，随着自然资源利用的限制逐渐加强，通过扩大种植面积提升苹果产能的空间十分有限，因此，AAI 更多受 EAI 的影响，这也体现了提高苹果单产的必要性和紧迫性（杨慧莲等，2017）。

综上所述，从各苹果生产比较优势指数来看，随着中国苹果生产布局的调整，渤海湾优势区的苹果种植面积和产能比较优势不断衰减，而黄土高原优势区的苹果种植面积和产能比较优势稳步增长、逐渐凸显。其中，以陕西和甘肃为代表的黄土高原优势区的苹果种植规模逐年扩大，苹果生产的规模和综合比较优势较高。其可能的原因有：一是自然条件优越，黄土高原优势区具有最适宜苹果生长的气候条件，是优质高档苹果的主要生产区域（农业部，2009）。二是品质优良，品牌效应强，黄土高原优势区的苹果着色好、品质高，如陕西的富士苹果去皮硬度和带皮硬度较大、果糖含量和甜度较高、可溶性固形物含量达 14.40%，均高于其他主产省（匡立学等，2020）。陕西和甘肃部分县区的富士、元帅等苹果品种因品质优良而成为驰名中外的区域品牌，市场需求量和影响力大。三是比较收益高，黄土高原优势区的苹果种植面积占比较大，单位面积产值较高，引致农户扩大经营规模和提高技术水平，苹果规模优势逐年提升（乔志霞等，2016）。四是资源禀赋好，黄土高原优势区土地资源丰富，2017 年黄土高原优势区的农用地面积占全国总量的 14.89%，为苹果种植规模扩大提供土地保障；同时，黄土高原优势区的苹果生产省区的经济发展相对落后，非农就业机会较少，有较多的人力从事农业生产活动，为扩大苹果生产规模提供了劳动力保障（宋彩平等，2019）。综上，黄土高原产区的苹果生产优势明显，中国苹果产业布局向劳动力资源充裕、气候条件好、生产投入成本少的西北高海拔地区转移，符合区域种植业内部比较优势的变化趋势（赵玉山，2016；范英，2010）。

从省域层面来看，1978 年，在产量最高的七个省区中有三个省区的 AAI 值在前七位，1980 年这一数值提高到 4 个，2010 年进一步提高到 5 个，2018 年提高至 6 个；苹果综合比较优势指数与苹果生产集中度指数的匹配程度在不断提高，由 1978 年的 42.86% 提高到 2018 年的 85.71%，苹果生产的综合比较优势在苹果产量上得以体现。由此说明中国苹果生产的区域布局在不断优化，苹果生产逐渐向具有比较优势的省区集中，也在一定程度上说明苹果生产的集中是比较优势作用的结果。

三、中国苹果生产布局优势评价分析

（一）部分省区的效率与规模比较优势缺乏一致性

根据比较优势理论，最佳的苹果生产布局应该是效率与规模比较优势一致的空间分布格局（张怡，2015）。但在苹果生产实践过程中，部分省区的效率和规模比较优势不一致，甚至有的省份两者之间的差距十分明显（图6-1，图6-2）。

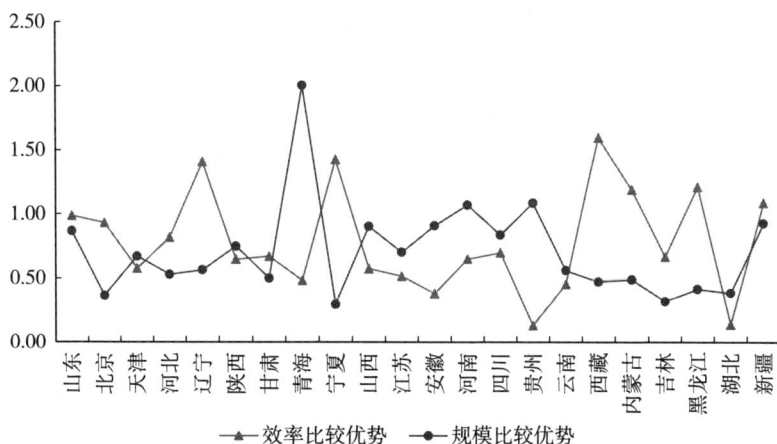

图6-1　1978年苹果生产省区效率与规模比较优势

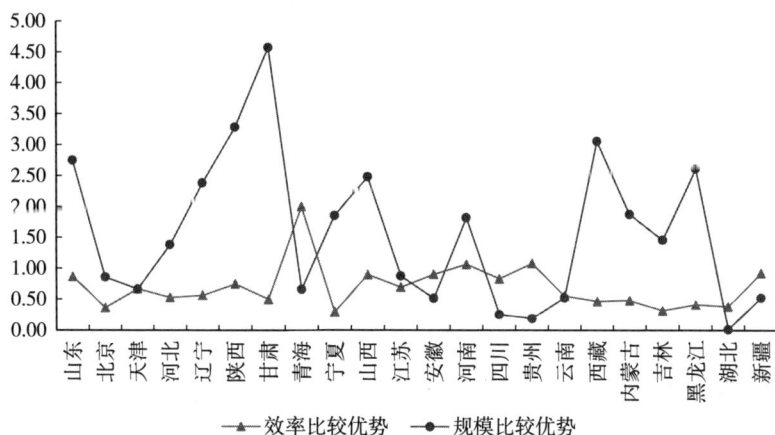

图6-2　2018年苹果生产省区效率与规模比较优势

具体来看，1978 年有 8 个省区的 EAI 和 SAI 基本一致（山东、天津、陕西、甘肃、四川、云南、湖北、新疆）；8 个省区的 EAI 大于 SAI（北京、河北、辽宁、宁夏、西藏、内蒙古、吉林、黑龙江）；6 个省区的 SAI 大于 EAI（青海、山西、江苏、安徽、河南、贵州）等。

2018 年有 7 个省区的 EAI 和 SAI 基本一致（北京、天津、江苏、安徽、云南、湖北、新疆）；3 个省区的 EAI 大于 SAI（青海、四川、贵州）等；12 个省区的 SAI 大于 EAI（山东、河北、辽宁、陕西、甘肃、宁夏、山西、河南、西藏、内蒙古、吉林、黑龙江）。此外，即使是在 AAI 大于 1 的 9 个省区中，也仅有河南兼具效率和规模比较优势，有 7 个省区（山东、辽宁、陕西、甘肃、山西、西藏、黑龙江）只在规模上具有比较优势，青海只有效率比较优势。

为进一步分析苹果生产比较优势的平均变化趋势，本研究依据杨慧莲等（2017）的做法，计算各省区 41 年间的 EAI 和 SAI 均值，并将其分为四类（图 6-3）。具体来看：

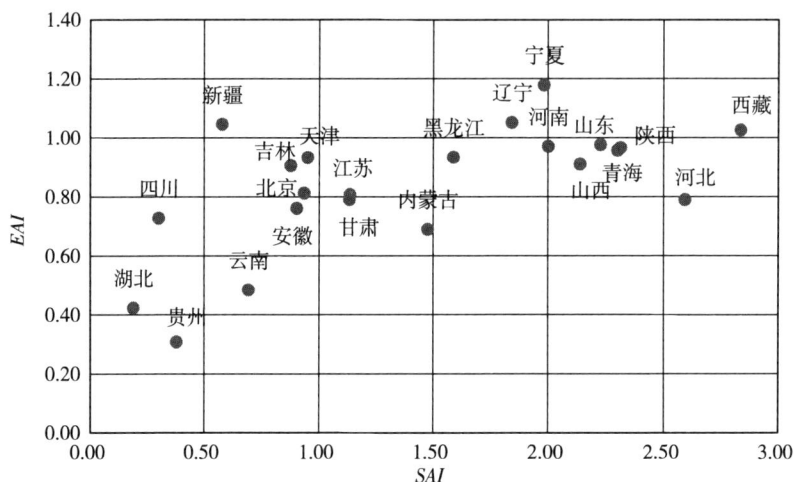

图 6-3 1978—2018 年中国苹果生产规模-效率比较优势区间划分

（1）低效率-低规模优势（EAI<1.0，SAI<1.0）的"双低"省区。北京、天津、安徽、四川、贵州、云南、吉林和湖北等 8 个省区属于不具有苹果生产优势的"双低"省区，苹果生产规模和效率均低于全国平均水平。原因在于这些省份的自然禀赋条件不适宜发展苹果，并且对苹果生产的重视

程度也不够（宋彩平等，2019）。例如贵州的威宁、长顺等地区适宜苹果生长和栽培，但是种植区域多分布在山区，果园管理难度较大，在规模扩大和效率提高方面受阻，因而在苹果生产上不具有优势。

（2）高效率-低规模优势（$EAI>1.0$，$SAI<1.0$）的"效率优势"省区。新疆虽然属于苹果生产"效率优势"省区，但也不能不加限制地扩大规模，要根据本区域的资源禀赋状况合理制定苹果生产空间分布规划。如新疆阿克苏地区虽然具备生产苹果的气候条件，但该地区经济社会发展水平相对滞后，苹果生产经营所需的劳动力、技术等要素缺乏。因此，新疆在不具备相对完善的苹果生产条件的情况下不宜扩大种植规模，否则无法达到增产增收目标（李雪冬等，2020）。

（3）低效率-高规模优势（$EAI<1.0$，$SAI>1.0$）的"规模优势"省区。有10个省区（山东、河北、陕西、甘肃、青海、山西、江苏、河南、内蒙古、黑龙江）属于苹果生产"规模优势"区，虽然具有规模优势，但生产效率较低。例如山东、河北等传统苹果生产大省虽然苹果种植规模较大，但老龄低效果园比重较高，2018年渤海湾优势区的老龄低效果园面积占全国老龄低效果园面积的49.91%，老龄低效果园引致的病虫害频发、果园管理成本增加等问题会降低苹果生产效率（闫振宇等，2017）。

（4）高效率优势-高规模优势（$EAI>1.0$，$SAI>1.0$）的"双高"省区。辽宁、宁夏、西藏3个省区属于苹果生产的"双高"省区。具体来看，宁夏和西藏的苹果种植规模较小，2018年上述两省区的苹果种植面积分别占全国总量的1.44%和0.08%，且劳动力资源丰富，为劳动密集型的苹果生产方式提供充足的劳动力保障，有利于实现既有规模下的高效生产。而作为传统苹果生产大省的辽宁淘汰产能低下、品种落后的果园，种植规模的缩小、品种的优化使苹果的高效性进一步体现（王田利，2020）。

2018年在具有苹果生产综合比较优势的9个省区中，只有河南兼具效率和规模比较优势，山东、辽宁、陕西、甘肃、山西、西藏和黑龙江等7个省区只具有规模比较优势，青海只具有效率比较优势。可以看出，1978—2018年有半数以上的省区效率与规模比较优势不一致（表6-4）。

表 6-4　具有苹果综合比较优势省份的规模与效率比较优势情况

年份	具有效率比较优势 缺乏规模比较优势	具有规模比较优势 缺乏效率比较优势	兼具效率与规模 比较优势
1978	—	山东、甘肃	辽宁、宁夏、西藏、内蒙古
1983	天津	山东、陕西、甘肃、青海、山西、河南	辽宁、宁夏、西藏
1988	天津	北京、河北、陕西、甘肃、青海、山西	山东、辽宁、宁夏、河南、西藏、黑龙江
1993	—	甘肃、青海	山东、辽宁、陕西、宁夏、山西、河南、西藏、黑龙江
1998	—	山东、辽宁、甘肃、青海、江苏、河南、西藏、黑龙江	陕西、宁夏、山西
2003	—	山东、辽宁、甘肃、青海、山西、河南、西藏、吉林、黑龙江	陕西、宁夏
2008		山东、辽宁、陕西、甘肃、青海、山西、河南、西藏	宁夏
2013	—	山东、辽宁、陕西、甘肃、河南、西藏、吉林、黑龙江	青海、宁夏、山西
2018	青海	山东、辽宁、陕西、甘肃、山西、西藏、黑龙江	河南

（二）部分传统产区苹果生产地位下降

自 1978 年以来，中国苹果产能持续提升，与此同时，其生产布局因非农产业和其他农业产业的影响发生了明显的变动（张怡，2015），特别是在沿海经济发达的渤海湾优势区，传统苹果生产省区的苹果种植面积从不同年份开始出现了不同程度的缩减。例如，山东和河北的苹果种植面积在 1995年达到历史最高峰，分别为 66.43 万公顷和 39.38 万公顷，之后出现波动下滑，2018 年两省的苹果种植面积分别为 25.8 万公顷和 11.95 万公顷，下降幅度分别为 61.16% 和 69.65%（图 3-3）。黄河故道产区的河南 2018 年苹果种植面积为 12.91 万公顷，比 1996 年历史最高峰的 34.13 万公顷下降了62.17%（图 3-7）。可以看出，改革开放以来，中国苹果主产省区的空间分布格局虽然基本没有变化，但内部的位次发生明显变动，如陕西、甘肃等西部省份的位次上升，山东、辽宁、河北等省份位次下降。究其原因，苹果比较收益的提高是陕西、甘肃等西部省份快速扩大苹果生产规模的主要原因（范英，2010）。

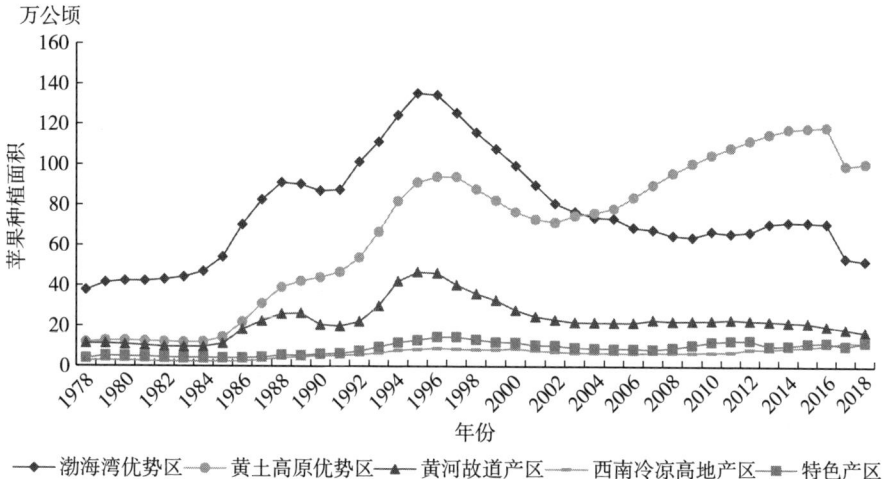

图 6-4　1978—2018 年中国各产区苹果种植面积

从五大产区的苹果种植面积变化情况来看（图 6-4），1978—2018 年各产区的苹果种植面积均有不同程度的增加，但从五大产区的苹果种植面积占比变化情况来看（图 3-2），渤海湾优势区和黄河故道产区的苹果种植面积占比分别下降了 51.28 和 47.32 个百分点，而黄土高原优势区、西南冷凉高地产区和特色产区的苹果种植面积占比则分别上升了 196.22、46.77 和 6.73 个百分点。中国苹果产区总体呈现"西移南进"趋势。

（三）苹果产销的地域分异扩大

为进一步探究苹果产销在地域之间的分异程度，本研究依据张怡（2015）的做法，运用地理联系率（Geographical Connection Rate，以下简称"GCR"）测度苹果产销的空间分布格局。由于部分省区历年的苹果消费量数据缺失严重，故本研究以地区的人口规模衡量其苹果消费需求。因为从一般意义上来讲，一个地区的苹果消费需求与其人口规模成正比（张怡、王兆华，2018）。因此，GCR 的计算公式如下：

$$G_t = 100 - \frac{1}{2} \sum_{i=1}^{22} \mid P_{it} - C_{it} \mid \qquad (6-4)$$

其中，G_t 是第 t 年的苹果产销地理联系率，P_{it} 和 C_{it} 分别是第 i 个省区第 t 年的苹果产量和人口规模在全国总量中的占比，$t = 1978, \cdots, 2018$。G_t 值大说明苹果产销在地理空间上的分布格局基本一致；反之则说明苹果产销在地理空间上的分布格局差异较大（郝晓燕，2019）。

由图 6-5 可以看出，中国苹果产销 GCR 经历了四个发展阶段：①增长期（1978—1990 年），GCR 虽小有波动但总体呈增长趋势，反映了中国苹果产销的地理空间分布格局在此阶段趋于一致，1990 年 GCR 达到历史最高值，为 55.94。②下降期（1991—1994 年），GCR 在此阶段开始持续下跌，说明苹果产销在地理空间分布上的差异性在不断扩大。③回升期（1995—2002 年），GCR 呈波动上升趋势，表明在此阶段中国苹果生产与消费的区域不平衡性有所改善。④回落期（2003—2018 年），GCR 呈波动下降态势，说明苹果产销格局在地理空间分布上的不平衡性趋于扩大，苹果的跨省区流通量在增加。

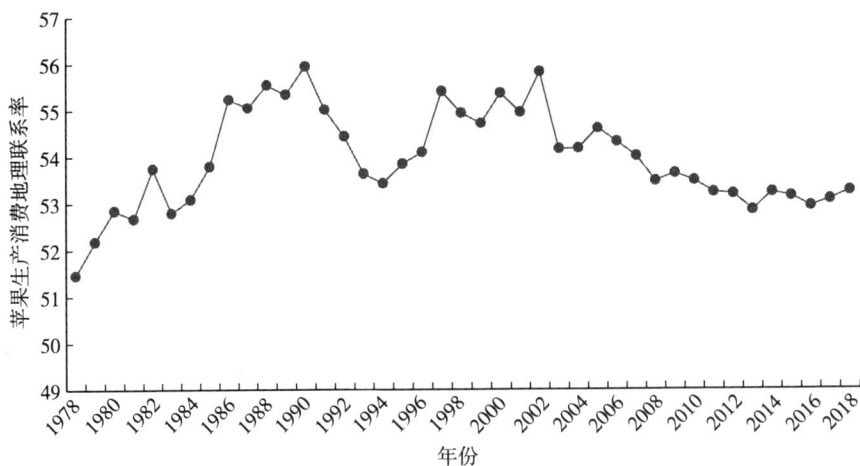

图 6-5 1978—2018 年中国苹果"生产-消费"地理联系率

本研究进一步采用区位熵探究苹果调出省和调入省的苹果流通量变化情况。之所以选择用区位熵指数，是因为受统计数据限制，缺乏地区之间的苹果贸易数据，区位熵可以有效解决这一数据缺失问题。区位熵的计算公式如下：

$$LQ_{it} = \frac{P_{it}/P_t}{F_{it}/F_t} \qquad (6-5)$$

其中，LQ_{it} 表示 i 省区 t 年的苹果区位熵，P_{it} 表示 i 省区 t 年的苹果产量，P_t 表示 t 年全国的苹果总产量，F_{it} 表示 i 省区 t 年的人口数量，F_t 表示 t 年全国的人口总量，$i=1,\cdots,22$，$t=1978,\cdots,2018$。

按照上述方法计算 1978—2018 年中国各省区的苹果区位熵，发现 1978 年苹果区位熵大于 1 的省区有 8 个，并按苹果区位熵从大到小排序依次为辽宁、山东、北京、山西、陕西、河北、新疆和宁夏；虽然 2018 年苹果区位熵大于 1 的省区也有 8 个，但按苹果区位熵从大到小排序依次为陕西、甘肃、山西、山东、新疆、辽宁、河南、河北（表 6-5）。表明自改革开放以来，北京和宁夏由苹果调出省区变为苹果调入省区，而甘肃和河南由苹果调入省区变为苹果调出省区。1978—2018 年中国苹果生产与消费格局发生重大变化，陕西、甘肃、山西等中西部省份已经成为中国重要的苹果生产和调出省区，基本形成了以黄土高原优势区和渤海湾优势区为主体的苹果供给格局，2018 年两大优势区的苹果种植面积和产量占全国总量的 79.05% 和 79.33%。苹果远距离物流、大规模运输格局难以改变，但预计随着苹果保鲜技术的不断提升，苹果运输将更快捷，苹果消费的地域特征将逐渐淡化。

表 6-5 1978—2018 年苹果区位熵大于 1 的省区

年份	省区
1978 年	辽宁、山东、北京、山西、陕西、河北、新疆、宁夏
1983 年	辽宁、山东、河北、山西、北京、新疆、河南、陕西、宁夏
1988 年	山东、辽宁、新疆、河北、陕西、甘肃、宁夏、山西、北京、河南
1993 年	山东、陕西、辽宁、甘肃、宁夏、河北、新疆、山西、河南、北京
1998 年	陕西、山东、山西、辽宁、河北、甘肃、河南、宁夏
2003 年	陕西、山东、山西、甘肃、河北、宁夏、辽宁、河南
2008 年	陕西、山东、山西、甘肃、宁夏、辽宁、河南、河北
2013 年	陕西、山西、甘肃、山东、宁夏、辽宁、河南、河北、新疆
2018 年	陕西、甘肃、山西、山东、新疆、辽宁、河南、河北

注：表中各年份所对应的省区顺序是按苹果区位熵从大到小依次排列的。

（四）部分主产省区苹果生产缺乏效益优势

苹果收益是影响苹果种植面积的重要经济因素，苹果生产的比较优势主要受生产成本和经营方式的影响（范英，2010）。从微观视角分析，苹果生产成本和经济效益对农户的苹果种植规模具有显著影响（袁斌等，2017）。因此，中国苹果主产省在苹果生产成本和效益上的差异是评价中国苹果生产布局合理性的重要依据。各省区在生产要素投入结构方面存在差异，导致苹果经营效益不同。

从七个主产省21年间的单位面积苹果生产成本变化情况（图6-6）可以看出，规模扩大和产量提升引致苹果生产成本总体呈上升态势，这一演变过程可以分为两个阶段：①同步增长期（1998—2008年），各主产省区在此时期的苹果生产成本增长趋向基本一致且相对平缓，除山东的苹果生产成本明显较高外，其他6个主产省的苹果生产成本差异不大。②增长异化期（2009—2018年），各主产省在此时期的苹果生产成本分化明显，位于渤海湾优势区的山东的苹果每亩生产成本快速增长，由2009年的3 710.51元增加到2018年的7 315.68元，增长幅度高达97.16%。即使是同位于黄土高原优势区的甘肃和陕西，苹果生产成本也呈现出明显差异。2009—2018年甘肃苹果每亩生产成本快速增长，由2009年的2 103.14元迅速增加到2018年的6 779.41元，增加了2.22倍，2015年时达到历史最高峰7 473.07元；而作为黄土高原优势区第一苹果生产大省的陕西，其苹果生产成本上升相对缓慢，基本与山西、河北、辽宁等省区保持同步增长态势。

伴随着苹果生产成本的上升，农户会逐步缩减苹果种植面积，改种区域内生产成本相对较低的其他适宜作物，具体表现为渤海湾优势区第一苹果生产大省山东的苹果种植面积大幅缩减，2018年山东苹果种植面积为25.80万公顷，比1995年历史最高峰的64.43万公顷减少61.16%；黄土高原优势区第一苹果生产大省陕西苹果种植面积大幅增加，由1978年的5.35万公顷增加到2018年的59.76万公顷，增加了3.96倍，进而促使黄土高原优势区的苹果种植面积在全国苹果种植总面积中的占比不断上升，由1978年的17.56%增加到2018年的52.01%，形成中国苹果生产布局中心向西北方向迁移的发展趋势。

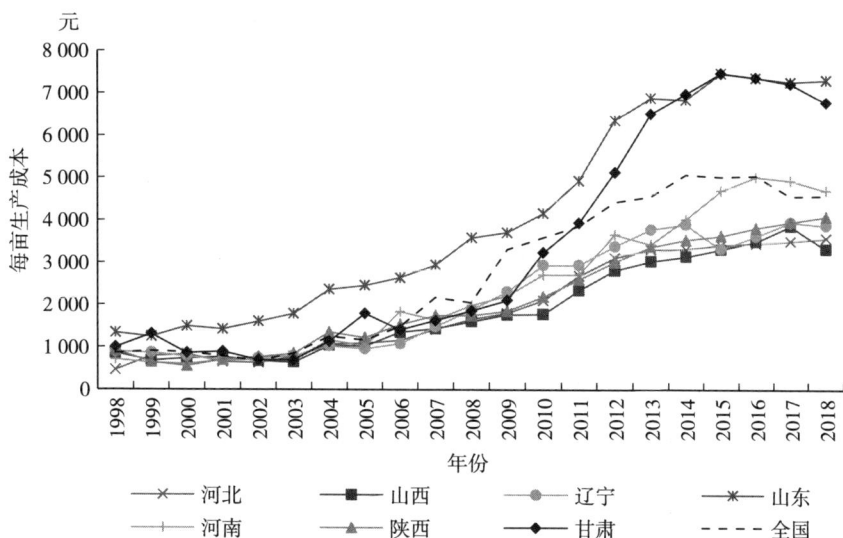

图 6-6 1998—2018 年中国 7 个主产省苹果每亩生产成本变化

2018 年山西、河北、辽宁和陕西的苹果每亩生产成本低于全国平均水平，表明上述 4 个主产省在苹果生产上具有一定的成本优势。与全国平均水平相比，山东、甘肃和河南在单位面积苹果生产上需要投入较多的生产要素。从发展趋势来看，1998—2018 年 7 个主产省的苹果每亩生产成本均有不同程度的上升，但陕西苹果生产成本上升相对缓慢，凸显了其在成本上的比较优势，进而驱动陕西苹果种植规模迅速扩大。

为进一步分析各省区苹果生产要素投入结构的差异，本研究将苹果生产成本分解为人工成本、物质与服务费用、土地成本三个部分。具体来看：

在人工成本方面，中国各苹果主产区苹果生产的人工成本总体呈上升趋势。随着农村大批青壮年劳动力外出务工，农村劳动力短缺问题日益凸显，特别是在劳动密集型的苹果产业上，这一问题更加突出。因为现有苹果生产方式的机械化程度较低，修剪、施肥、施药、疏花疏果、套袋、摘袋、铺反光膜和采摘等大多数环节均需要依靠人工完成，苹果"农忙"时的"用工荒"和"用工贵"现象严重，劳动力区域性与季节性短缺，果农老龄化与妇女化趋势在一定程度上导致节劳型技术难以推广，促使苹果生产人工成本不断上升。从 1998—2018 年中国 7 个主产省苹果每亩人工成本变化情况

(图 6-7) 来看，2008 年之后，甘肃和山东种植苹果的每亩人工成本快速增长，明显高于其他 5 个主产省。究其原因，一方面，由于甘肃大部分区域位于中国地势二级阶梯上，苹果生产区域多处于高海拔的山区，果园细碎化程度和作业难度较高，加上大部分果园栽培模式是乔砧密植建园，树冠高大，机械采用率低，苹果种植主要以人工投入为主，因此甘肃在 7 个苹果主产省中苹果人工成本最高（强艳玉，2018）。另一方面，伴随着东部沿海发达地区快速推进的工业化、城镇化进程，较多的非农就业机会和较高的非农比较收益吸引大量农村优质劳动力不断"离农"，"雇工难"问题导致山东苹果生产的人工成本上涨幅度较大（袁斌等，2017）。人工成本现已成为驱动苹果生产成本上升的主要力量（张婧，2018），也是间接促推中国苹果生产布局由东部劳动力价格高昂地区向中西部劳动力价格低廉地区转移的重要推动力。

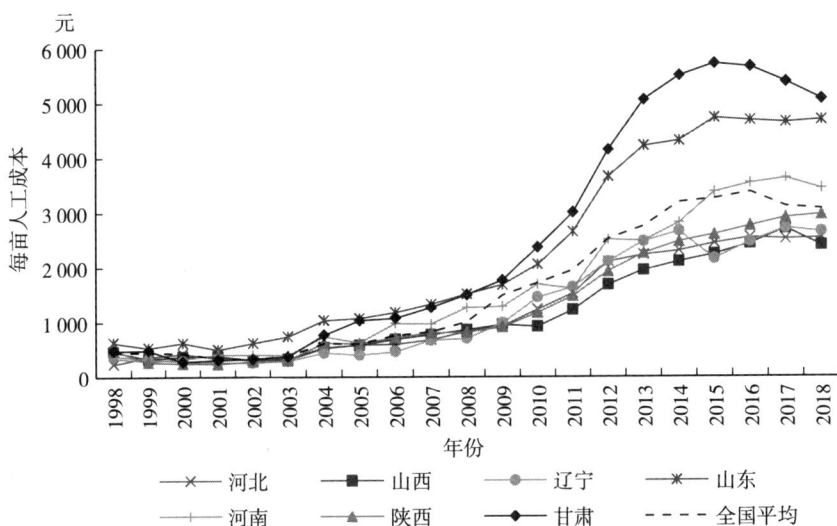

图 6-7 1998—2018 年中国 7 个主产省苹果每亩人工成本变化

2018 年山西、河北、辽宁和陕西 4 个主产省的苹果每亩人工成本低于全国平均水平，表明上述 4 个主产省在单位面积苹果生产上具有一定的人工成本优势。与全国平均水平相比，甘肃、山东和河南在单位面积苹果生产上需要投入较多的人工费用。从发展趋势来看，1998—2018 年 7 个主产省的苹果每亩人工成本均有不同程度的上升，但陕西苹果人工成本上升相对缓慢。陕西因其在苹果生产方面的人工成本优势而迅速扩大苹果种植面积，成为中国苹果生产第一大省。

在土地成本方面，从 1998—2018 年中国 7 个主产省苹果每亩土地成本变化情况（图 6-8）来看，自 2003 年以后，辽宁和河北苹果种植的土地成本总体呈增长态势，主要因为：上述 2 个省份是全国工业生产布局中的重要区域，工业建设用地的需求量较大，致使土地价格上涨；同时，上述 2 个省份不仅具备粮食规模经营的土地条件，而且粮食价格和收益的提升进一步抬高了苹果用地的机会成本和价格。陕西、甘肃和河南等中西部省份因土地经营条件较差和非农用地需求较小，苹果土地成本上升相对缓慢，这也是中西部省份逐渐超越辽宁、河北等东部沿海省份成为中国新兴苹果生产大省的重要推动力（袁斌等，2017）。

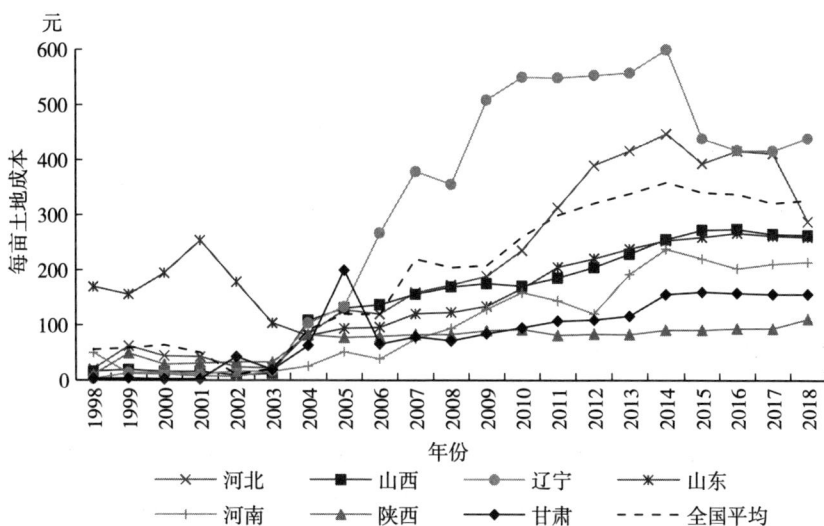

图 6-8　1998—2018 年中国 7 个主产省苹果每亩土地成本变化

2018 年除辽宁外，其他 6 个主产省苹果每亩土地成本均低于全国平均水平，表明这 6 个主产省在苹果生产上具有一定的土地成本优势。但从发展趋势来看，1998—2018 年 7 个主产省的苹果每亩土地成本均有不同程度的上升，但陕西和甘肃的苹果土地成本上升相对缓慢，土地成本优势明显，因此陕西和甘肃的苹果种植面积扩大明显。

在物质与服务费用方面，从 1998—2018 年中国 7 个主产省苹果每亩物质与服务费用变化情况（图 6 - 9）来看，除山东的苹果每亩物质与服务费用明显增长外，其他 6 个主产省的苹果每亩物质与服务费用上升趋势基本一致，说明该项成本不是推动区域成本分化的主要因素。

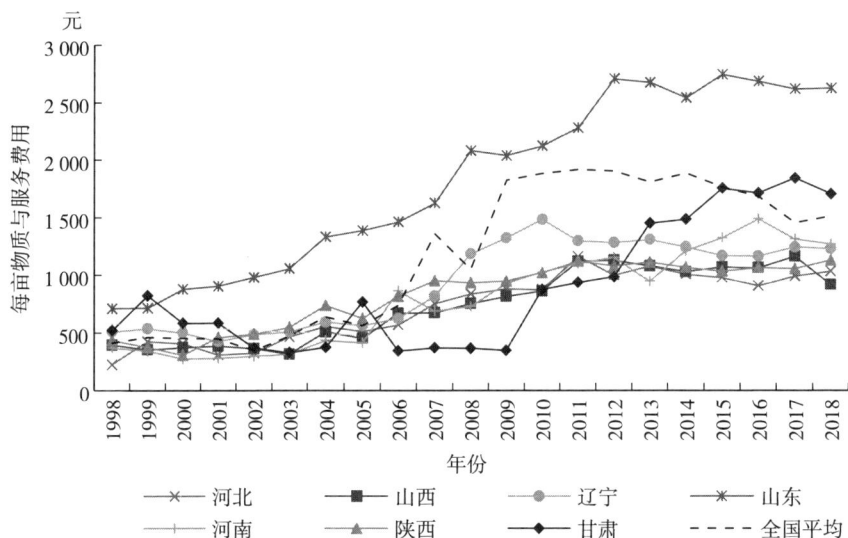

图 6 - 9　1998—2018 年中国 7 个主产省苹果每亩物质与服务费用变化

2018 年，除山东和甘肃外，其他 5 个主产省的苹果每亩物质与服务费用均低于全国平均水平，表明这 5 个主产省在苹果生产上具有一定的物质与服务费用成本优势。但从发展趋势来看，1998—2018 年 7 个主产省的苹果每亩物质与服务费用均有不同程度的上升，但山西、河北、陕西和辽宁上升相对缓慢，上述 4 个省区苹果的物质与服务费用成本优势明显。

在苹果销售价格方面，从 1998—2018 年中国 7 个主产省每 50 千克苹果的平均销售价格的变化趋势（图 6 - 10）来看，各主产省的苹果销售价格自 2003 年之后开始出现快速增长和明显的差距分化，且价格波动幅度较大，但总体上升趋势基本一致。究其原因，苹果市场供需关系对苹果价格波动具有重要影响。从供给端来看，苹果种植技术、生产效率、苹果种植面积、生产成本、苹果进口等供给因素的变化造成苹果价格波动；从需求端来看，苹果主产区城乡居民的收入水平、国内苹果市场的消费偏好、苹果出口、苹果库存、替代水果价格等需求因素的变化是影响苹果价格波动的关键因素（胡炜童，2019）。

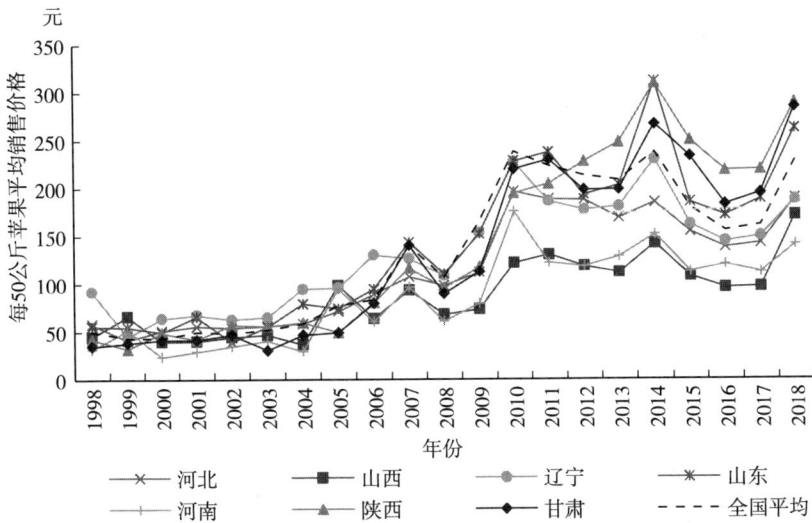

图 6-10 1998—2018 年中国 7 个主产省每 50 千克苹果平均销售价格变化

2018 年只有陕西、甘肃和山东 3 个主产省的苹果每 50 千克的平均销售价格高于全国平均水平，表明上述 3 个主产省在苹果生产上具有一定的销售价格优势。但从发展趋势来看，1998—2018 年 7 个主产省的苹果每 50 千克的平均销售价格均有不同程度的上升，但陕西、甘肃和山东的苹果销售价格上升相对较快，苹果销售价格优势明显。

在苹果净利润方面，从 1998—2018 年中国 7 个主产省苹果每亩净利润变化趋势（图 6-11）来看，各主产省单位面积的苹果净利润自 2003 年之后开始出现明显的差距分化，且波动幅度较大，呈"M"形变化趋势，特别是山东、陕西和甘肃 3 个主产省的苹果净利润波动明显。1998—2018 年，山东和陕西的苹果具有较高的亩均净利润，上述 2 个主产省的苹果亩均净利润分别比全国平均值 2 182.32 元高 56.09% 和 39.17%，表明山东和陕西的苹果生产具有良好的经济效益，而其他 5 个主产省苹果每亩净利润的平均水平低于全国平均水平，说明这 5 个主产省在苹果生产上的经济效益并不乐观。其中，甘肃在 2005 年和 2016 年均出现苹果每亩净利润为负的情况，说明即使在苹果种植出现亏损的情况下，甘肃不但没有减少苹果种植面积，反而增加了，出现这种现象的原因是苹果作为多年生木本作物，其生产的资产专用性和专业化特征对苹果生产经营具有"锁定效应"（侯建昀、霍学喜，

2016；冯晓龙等，2018）。同时，由于目前我国苹果产业在生产过程中仍以家庭经营为主，在计算苹果生产成本时将人工成本中占有较大比重的家庭自用工成本忽略不计，即只要苹果生产收益能够弥补物质与服务费用、土地成本、雇工成本等支出，苹果生产将会持续进行（范英，2010）。

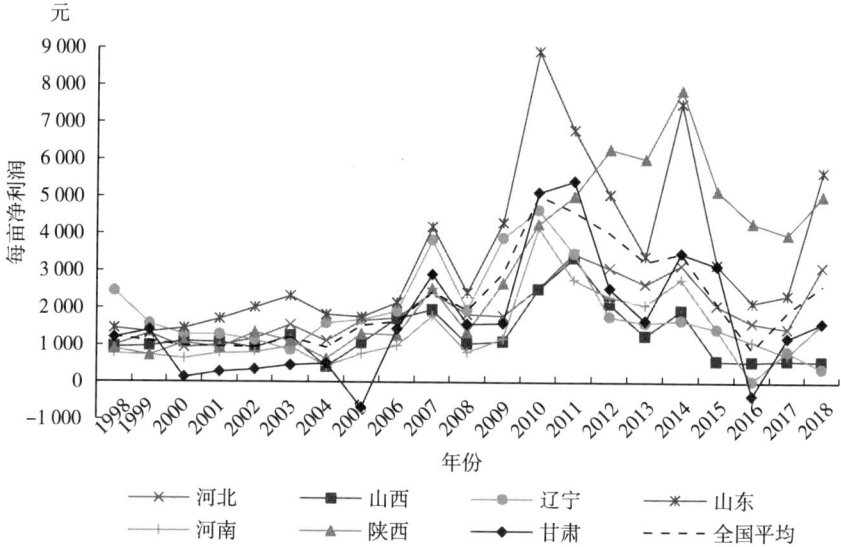

图 6-11　1998—2018 年中国 7 个主产省苹果每亩净利润变化

2018 年只有山东、陕西和河北 3 个主产省的苹果每亩净利润高于全国平均水平，表明上述 3 个主产省在苹果生产上具有一定的效益优势。但从发展趋势来看，1998—2018 年只有陕西、山东、河北、河南和甘肃 5 个主产省的苹果亩均净利润有不同程度的上升。其中，陕西的苹果亩均净利润上升最明显，21 年间增加了 4.64 倍，山东、河北和河南的苹果亩均净利润分别增加了 2.91 倍、2.17 倍和 1.09 倍，上述 4 个省的苹果效益优势明显。而甘肃的苹果亩均净利润上升速度最慢，21 年间只增加了 33.84%。

在成本利润率方面，各主产省 21 年间单位面积的苹果成本利润率差距分化比较明显，且波动幅度较大，呈"M"形变化趋势（图 6-12），特别是山东、辽宁、陕西和甘肃 4 个主产省的波动特征显著。从总体特征来看，苹果的每亩成本利润率近年来呈下降趋势，因为随着苹果生产供给的不断增加，苹果市场逐渐呈现供过于求的趋势，同时，生产物质资料价格与人工成本的升高进一步压缩了苹果生产的利润空间，进而导致该比率持续下降（张婧，2018）。1998—2018 年，只有陕西的苹果每亩成本利润率的平均水平大于 100%，是全国同期苹果每亩成本利润率平均值 71.37% 的 1.52 倍，表明陕西在苹果生产上具有明显的经济效益优势。河北、辽宁和山东 3 个主产省苹果的每亩成本利润率的平均水平高于全国平均水平，说明这 3 个主产省在苹果生产的经济效益上具有一定的比较优势。但山西、河南和甘肃三个省份的低于全国平均水平，且甘肃最低。

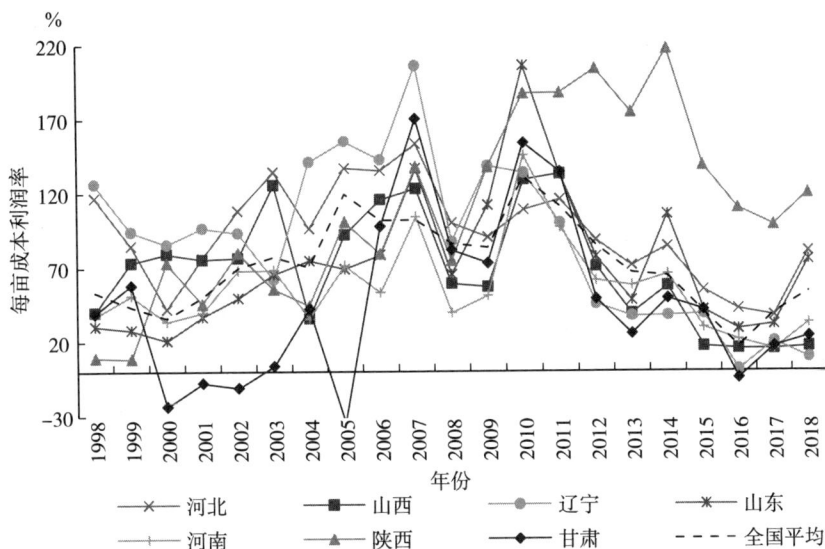

图 6-12 1998—2018 年中国 7 个主产省苹果每亩成本利润率变化

2018 年只有陕西、河北和山东 3 个主产省的苹果每亩成本利润率高于全国平均水平，表明上述 3 个主产省在苹果生产上具有一定的效益优势。但从发展趋势来看，1998—2018 年只有陕西和山东的苹果每亩成本利润率有不同程度的上升。其中，陕西的苹果单位面积成本利润率上升最多，21 年间增加了 11.86 倍，山东的苹果单位面积成本利润率只增加了 1.46 倍，说明在 7 个主产省中，陕西的苹果效益优势最明显。而辽宁、山西、甘肃、河北和河南 5 个主产省的苹果单位面积成本利润率均出现不同程度的下降。其中，辽宁的苹果单位面积成本利润率下降最明显，21 年间下降了 92.92%。

综上所述，通过对中国 7 个主产省 1998—2018 年苹果生产的成本收益变化情况进行分析发现：与其他主产省相比，陕西省苹果单位面积的生产成本、人工成本、土地成本、物质与服务费用较低，而苹果销售价格、净利润和成本利润率较高，属于低投入-高产出区，具有明显的苹果生产效益优势；山东省苹果单位面积的生产成本、人工成本、物质与服务费用均处于 7 个主产省的前列，并且苹果销售价格、净利润和成本利润率较高，属于高投入-高产出区；甘肃和河南两省苹果单位面积的生产成本、人工成本、物质与服务费用较高，但苹果净利润和成本利润率较低，属于高投入-低产出区，不具有苹果生产效益优势；山西、河北和辽宁 3 个省的苹果单位面积的生产成本、人工成本、物质与服务费用较低，并且苹果销售价格、净利润和成本利润率较低，属于低投入-低产出区，不具有苹果生产效益优势。

四、本章小结

本章在综合利用苹果生产比较优势指数、苹果"生产-消费"地理联系率、苹果区位熵、苹果生产成本与收益等指标，对中国苹果生产布局优势及合理性进行了评价，结果表明：

（1）通过测算 1978—2018 年各苹果产区和各苹果生产省区的苹果效率、规模及综合比较优势指数发现：从产区层面来看，自改革开放以来，黄土高原优势区苹果的 EAI、SAI 和 AAI 显著提高，且三者的均值都大于 1，黄土高原优势区在苹果生产方面具有明显的比较优势，并已成为中国苹果生产的最大优势区域；作为中国传统苹果产区的渤海湾优势区，其苹果的 SAI 虽然有所上升，但 EAI 和 AAI 逐渐下降，且 EAI 的均值小于 1；黄河故道产区苹果的 EAI 和 AAI 虽然有所上升，但两者的均值均小于 1，SAI 逐渐下降，但其平均水平大于 1；西南冷凉高地产区苹果的 SAI 和 AAI 逐步下降，但 SAI 的均值仍大于 1，EAI 虽然有所上升，但其平均水平小于 1；特色产区苹果的 EAI 和 SAI 逐渐下降，且两者的均值都小于 1，但 SAI 有所上升，且其均值大于 1。

从省区层面来看，自改革开放以来，各省区的苹果生产比较优势变化较大，具有明显的差异分化。因为陕西和甘肃在苹果生产上具有明显的综合比较优势，上述两省的苹果种植面积增长幅度最大。从 1978—2018 年各省区苹果综合优势指数的平均水平来看，甘肃、陕西、山西和山东 4 个省苹果综合比较优势指数的平均水平大于 1.5，明显高于其他地区，具有显著的苹果生产优势。2018 年在 22 个苹果生产省区中只有陕西、山东、甘肃、山西、河南、西藏、辽宁、青海和黑龙江 9 个省区的 $AAI>1$。其中，只有河南的苹果生产兼具效率和规模比较优势，山东、辽宁、陕西、甘肃、山西、西藏和黑龙江 7 个省区的苹果生产只具有规模比较优势，而青海的苹果生产只具有效率比较优势。

（2）通过对比 1978—2018 年各区域苹果生产的 EAI 和 SAI 发现：部分省区的效率与规模比较优势不一致，并且大部分省区只具有规模优势。2018 年有 12 个省区的 SAI 明显高于 EAI，3 个省区的 EAI 明显高于 SAI，只有 7 个省区的 EAI 和 SAI 相对较为一致。进一步对 1978—2018 年各省区苹果生产规模与效率比较优势指数的平均演变趋势进行综合分析发现，8 个省区属于低效率优势-低规模优势的"双低"省区，1 个省区属于"效率优势"省区，10 个省区属于"规模优势"省区，3 个省区属于高效率优势-高规模优势的"双高"省区。

（3）通过总结 1978—2018 年各苹果产区和各苹果生产省区苹果生产规模指数的时序变化特征发现：自 1978 年以来，部分传统产区苹果生产规模指数下降，渤海湾优势区和黄河故道产区分别下降了 51.28% 和 47.32%，而黄土高原优势区增加了 1.96 倍，增长最明显，现已成为中国最大的苹果产区。从省级层面来看，中国苹果主产省的空间分布格局虽然基本不变，但部分省区的位次变动明显，陕西、甘肃等西部省份迅速增长成为中国苹果生产的重要省份，而山东、辽宁、河北等东部沿海省份的位次下降。

（4）通过计算 1978—2018 年中国苹果产销地理联系率发现：中国苹果生产与消费的地域分异增大，1978—2018 年中国苹果产销地理联系率经历了四个发展阶段，呈现"M"形波动趋势，近年来呈持续下降态势，即苹果生产与消费在地理空间上的差异在进一步扩大，表明苹果生产与消费的区域不平衡性在增强，苹果的跨省区流通频率在增加。

（5）通过比较 1998—2018 年 7 个主产省的苹果生产成本与收益指标发现：各主产省的苹果单位面积生产成本均有不同程度的上升，山东和甘肃的苹果生产成本上升最明显。从苹果生产的成本构成来看，甘肃和山东苹果生产人工成本的快速增长是导致其苹果生产成本明显高于其他主产省的主要因素；渤海湾优势区的辽宁和河北 2 个省的苹果生产土地成本增长较快，而黄土高原优势区的陕西和甘肃 2 个省的苹果生产土地成本明显低于全国平均水平,具有苹果种植规模扩大的土地成本比较优势;苹果生产的物质与服务费用快速增长是甘肃和山东苹果生产成本增长快于其他主产省的另一重要推手。从苹果收益角度来看,陕西、甘肃和山东的苹果销售价格上升相对较快,在苹果销售价格方面优势明显,并且陕西和山东的苹果单位面积净利润增长最明显,而甘肃受人工成本上涨影响,苹果亩均净利润上升速度最慢。同时,7 个苹果主产省中只有陕西和山东的苹果成本利润率有不同程度的上升,并且陕西苹果单位面积的成本利润率上升最多,说明在 7 个主产省中陕西苹果的效益优势最明显,山东次之。综合苹果生产成本收益指标的平均变化趋势,对 7 个主产省进行分类,陕西属于低投入-高产出区,具有明显的苹果生产效益优势;山东属于苹果生产的高投入-高产出区;甘肃和河南属于高投入-低产出区,山西、河北和辽宁属于低投入-低产出区,这 5 个主产省不具有苹果生产的效益优势。

第七章 中国苹果生产布局优化与政策启示

一、中国苹果生产布局优化的必要性

(一) 因地制宜布局原则贯彻乏力

纵观中国苹果生产发展历程，自 20 世纪 80 年代实行家庭联产承包责任制以来，受苹果产业较高的比较收益和部分区域苹果相对价格较高的外溢效应诱导，各地高度重视苹果产业发展，将苹果产业作为农业种植结构调整、促进农民增产增收的重要发展方向，苹果种植面积迅速扩大。在生产布局上，苹果生产省区数量和分布增多，到 1996 年时中国苹果种植面积达到历史最高峰 298.68 万公顷，比 1978 年增加了 3.39 倍，苹果产量也比 1978 年增加了 6.49 倍，中国苹果产能开始超出市场需求，产品过剩、价格下跌，部分产区甚至出现苹果生产连续亏损现象。究其原因，部分产区未能全面考量和综合考察本地区的自然生态环境、生产条件、市场需求、社会经济发展水平等因素是否具备生产苹果的比较优势，资源禀赋与生产实际相结合的适地适栽原则贯彻不够，盲目扩大苹果种植面积，导致苹果非适生区和次生区的苹果种植面积与产量比例过高。同时，苹果非适生区和次生区的苹果生产条件与苹果质量相对较差，导致苹果产业总体发展质量下降，放大了苹果生产的自然风险与市场风险，导致苹果市场价格持续性波动。同时，适生区缺乏品种区划，出现盲目发展不适宜品种的问题，如山东、辽宁、河北等中国苹果传统产区种植的"国光""红星""黄香蕉""青香蕉""秦冠"等老品种果树生产效益较低，且大量果树树龄老化。苹果产量过剩和效益低下直接引发了中国苹果产业第一次结构调整。

20世纪90年代大量产能低下、品种落后的果园被淘汰，"红富士""嘎拉""烟富"系列等国内外优新品种应用于生产实践，并且种植比例不断提高，极大优化了中国苹果种植的品种结构，实现了中国苹果第一次"去产能"和"调结构"（国家苹果产业技术体系，2017）。到21世纪初，中国苹果种植规模回落到190万公顷左右，中国第一次苹果种植结构调整完成。

但随着苹果种植规模的缩小和品种的优化，苹果的高效性和营利性进一步体现，较高的苹果种植比较收益又引发了新一轮的苹果种植高潮，陕西北部、甘肃东南部、河南西部、山西、宁夏中南部、云南、四川、贵州、新疆及辽宁南部均先后扩大苹果种植规模，中国苹果种植面积出现恢复性增长，2015年达到峰值232.83万公顷，2016年开始回落，2018年苹果种植面积为193.86万公顷。虽然此轮苹果产业发展过程中苹果种植向黄土高原和渤海湾优势区集中，苹果种植品种也得到优化，实现了中国苹果产业发展质量的提升，但随着区域自然条件和社会经济条件的变化，部分传统产区已不再是苹果生产的优生区和适生区，如黄河故道产区的安徽和江苏部分地区、西南冷凉高地产区的川西南和川西北地区、黄土高原优势区的陕西关中一带的低海拔地区和山西的晋南地区（何水涛，2014），渤海湾优势区的鲁西、鲁北平原和泰沂山区（王彩峰、史建民，2017）。根据国家现代苹果产业技术体系产业经济研究室统计数据测算，中国大约有32万公顷的苹果布局在非适生区，并且这些地区的苹果种植面积和产量比重仍然较大，苹果质量相对较差，优果率较低，卖难问题较严重，加大了苹果产业面临的总量与质量上的结构性失衡压力，导致苹果卖难和"果贱伤农"现象愈演愈烈，这也凸显了淘汰苹果次生区和非适生区落后产能、优化中国苹果生产布局的必要性和紧迫性。

（二）苹果生产效率总体较低

虽然中国是世界苹果生产大国，但不是世界苹果生产强国，苹果单产水平仍然低于世界平均水平。2018年中国苹果种植面积和产量占世界苹果种植面积和产量的比重分别为42.24％和45.55％，但与世界排名前5的苹果生产大国（美国、波兰、土耳其、印度、意大利）和排名前5的苹果出口大国（美国、波兰、意大利、智利、法国）的生产效率相比仍有相当大的差距。根据国家现代苹果产业技术体系产业经济研究室的统计数据，在土地产出率方面，近五年中国苹果土地产出率均值为 1 849.33 千克/亩，而世界苹果强国为 2 812.67 千克/亩；在劳动生产率方面，近五年中国苹果劳动生产率均值为 55.68 千克/(人·天)，世界苹果强国均值为 594.66 千克/(人·天)，中国苹果劳动生产率仅为世界苹果强国的 9.36%；在资本产出率方面，中国单位资本投入的产出率仅为两类苹果强国的 20.50%。综合比较发现，中国苹果产业的综合效率仅高于印度。由此可见，中国苹果生产效率总体较低。

从各省区的苹果生产比较优势指数来看，1978—2018 年，22 个苹果生产省区中有 13 个省区的苹果规模比较优势指数的平均水平大于 1，而这 13 个省区中只有 3 个省区的苹果效率比较优势指数的平均水平大于 1，即使是在苹果综合比较优势指数平均水平大于 1 的 10 个省区中，也只有 2 个苹果生产省区的苹果效率比较优势指数的平均水平大于 1。从全国层面来看，中国苹果生产的效率比较优势（41 年的均值为 0.84）仅为省级规模比较优势（41 年的均值为 1.43）的 58.72%。由此可见，中国苹果生产的效率比较优势水平整体较低，大部分苹果生产省区的比较优势主要来源于苹果种植规模的扩大，但在苹果生产效率上缺乏比较优势，效率提升速度严重滞后于规模发展。在人工成本不断攀升、果园机械化程度较低、苹果生产效率与效益低下等现实背景下，苹果产业发展已经步入新的历史阶段，亟须转换苹果产业发展动能，由以往的依靠规模扩大的粗放低效模式向追求质量效益的集约高效模式转变，这在一定程度上凸显了推进苹果产业转型升级与创新发展、优化中国苹果生产布局的现实性和时代性。

（三）供给与需求结构性失衡

随着中国苹果种植面积的扩大，近年来苹果年产 4 000 万～5 000 万吨左右，已远远超出国内市场的消化能力和人民的消费水平（王田利，2020），因而优化苹果生产布局、压缩苹果种植规模是十分必要的。从需求端来看，国产、鲜食苹果占中国苹果消费总量的 90% 以上，集中在以富士为代表的晚熟品种，消费基数较大，并且随着消费者偏好的多元化、收入水平的提高和需求结构的升级，早中熟品种、高品质苹果及其加工产品会成为新的消费需求增长点，中国未来的苹果消费市场潜力巨大。虽然有部分经济发达地区主要进口高档优质的早中熟品种苹果，但其所占份额很小。国内苹果消费受饮食习惯和区位资源条件等因素的综合影响呈现出显著的区域差异，北方作为中国苹果的主要生产区域，供给充足且品种齐全，质量较高，所以北方地区的苹果消费水平相对较高，且以中低档果为主，苹果已经成为中国北方地区及苹果主产区消费者的主要消费水果品种之一；南方水果种类多，苹果替代品也多，且缺乏大的苹果产区，进而致使该区域的苹果消费量相对较低，并以高档果消费为主（石建平等，2010）。

从供给端来看，现有苹果生产供给主要存在以下几个突出问题：一是品种结构不合理。富士系列苹果产量比重较大、市场风险凸显，全国苹果产量的65%是富士，该品种占山东苹果种植面积的70.2%和产量的76.2%，陕西、河南等主产省的富士产量也达到了60%以上（孙佳佳，2014）。二是熟制结构不合理，早中熟品种比重偏小、晚熟品种独大。根据国家现代苹果产业技术体系2018年的调查数据发现，全国早熟品种与中熟品种的占比分别为14.09%和14.46%，并且区域差异明显。同时，早熟品种价格优势明显，这在一定程度上反映了现有苹果品种结构依然不能很好地顺应市场需求的变化。如2019年早熟苹果收获期时，苹果销售价格较高，到中熟品种苹果销售时，销售价格开始逐步走低。苹果销售价格的波动是供给量变化的直接体现，苹果价格符合量少价高、量多价低的市场规律，2019年苹果销售价格的变动规律为高开低走，体现了苹果品种结构有待进一步优化，具体表现为早熟品种严重不足、中熟品种不足、晚熟品种过剩，品种结构与市场需求不匹配（王田利，2020）。三是产品结构不合理，鲜食苹果为主，专用品种及系列的精深加工产品开发滞后。四是产品质量不合理，由于一般品种的苹果产品产能过剩，高质高档苹果供给不足，供给与需求错位脱节，"果贱伤农"等现象频繁发生（张强强等，2016）。从本质上来看，以小农户为主的生产主体在与市场对接时盲目性较大，导致销售价格不稳定，且波动幅度大，市场风险抵御能力弱，滞销和产品低价出售时常发生，这在一定程度上凸显了实施苹果产业供给侧结构性改革、优化中国苹果生产布局的重要性和关键性。

二、中国苹果生产布局优化原则

（一）发挥区域比较优势原则

生产布局优化主要是对原有生产分布的再分布，是全面考量区域内的自然因素、技术水平、生产能力和社会经济条件等多方面因素，发挥区域资源比较优势而选择的最佳布局方案，最终实现经济效益和社会效益最大化。以区域比较优势为前提，建设优势产业带和产业区，优化生产布局。陕西、甘肃等苹果主产区的快速发展，也在一定程度上证明了区域资源优势对苹果生产布局的引导作用。政府在制定相关政策时，要充分考察自然气候、交通运输等区位资源优势，优化苹果生产布局应该与区域资源禀赋及其比较优势相匹配，对产地区位环境和市场定位进行精确规划，发展特色苹果种植，逐步实现苹果优质优价。

充分发挥各产区在苹果生产上的比较优势是优化布局的基本前提。随着苹果生产的科学技术不断进步，土地生产率会持续增长，苹果产能也会继续扩大。但在人多地少的现实背景下，在增加种植面积的同时，要依据比较优势原则合理配置生产要素，进一步优化苹果产业布局（范英，2010）。虽然自20世纪90年代起我国逐渐重视调整苹果产业布局，但目前仍然需要进一步改进，仍需提高政府对苹果产业生产规划的重视程度，持续高效发挥苹果生产的比较优势，优化苹果生产结构。

（二）坚持生产效益导向原则

根据国内目前的苹果发展实际情况，以生产效益为导向。根据现有的产品消费需求，制定苹果产业发展的长期规划。按照区位优势，因地制宜地构建布局适宜、品种优良的产业新格局，提高果品质量与市场占有率，逐步提升苹果产业产能。从1978—2018年中国各主产省的苹果生产比较优势变化规律的平均趋势来看，有8个苹果生产省区不具有苹果生产效率比较优势，也不具有规模优势；有10个苹果生产省区虽然在规模上具有比较优势，但生产效率不具优势；即使是在具有综合比较优势的9个省区中，也有7个苹果生产省区只具有苹果规模比较优势，不具有苹果效率比较优势。由此可见，部分"规模优势"省区的苹果生产效率较低，且大部分苹果生产省区的效率比较优势和规模比较优势并不相同，大部分苹果生产省区只在效率或规模方面具有比较优势，并且部分"规模优势"省区的苹果生产效益较低。如在 7 个苹果主产省中，甘肃和河南 2 个主产省的苹果生产成本较高，苹果净利润和成本利润率较低，是典型的高投入-低产出区；而山西、河北和辽宁 3 个主产省虽然苹果生产成本较低，但苹果销售价格、净利润和成本利润率也较低，是典型的低投入-低产出区。

综合来看，中国大部分产区的苹果生产比较优势主要依赖于苹果种植面积的快速扩大，而在苹果生产成本降低与效益提高方面的能力还相对薄弱。因土地资源的有限性，苹果种植规模扩大的空间受限，扩面主导型的苹果增产方式不可持续。苹果产业已成为苹果主产区重要的农业支柱产业，在现有耕地资源逐年减少及后备耕地资源受到限制的情境中，要切实保障苹果主产区农村经济的持续稳定发展，关键是要充分发挥苹果生产的区域比较优势，优化其生产布局，提高苹果综合生产能力和市场竞争能力。根据中国苹果生产布局影响因素的空间计量模型的实证结果发现，苹果比较收益是影响中国苹果生产布局变动的最重要因素。因此，亟须转变苹果产业发展方式，坚持苹果效益导向，以提质增效为核心，以增加收入为目标，通过提高苹果生产效率和降低苹果生产成本来增加苹果种植收益。

（三）强化供给侧结构性改革原则

在苹果种植面积过大的发展趋势下，产能过剩和供求矛盾凸显了去产能和调结构的重要性和必要性。苹果生产布局的不合理会导致苹果效益低下，并且会对区域内其他更具比较优势的农业产业产生挤出效应，进一步放大了农业经营的市场风险。随着新发展果园逐渐进入盛果期，中国苹果产量还将提高，苹果供给过剩所面临的市场风险将进一步加大。

同时，随着气候变化和区域资源结构调整，中国苹果生产布局已经发生明显变化，原有的部分苹果适生区和优生区已开始退化为苹果非适生区和次生区。但即使在现有的优生区内也有相当比例的老龄低效果园和品种落后果园，且由于优生区的苹果生产效益整体较好，产能落后和效益低下的果园淘汰速度相对缓慢，对优生区内优质精品果的优价实现产生了阻碍作用，加剧了"劣果驱逐良果"效应，打击了优质精品果生产者的积极性，最终导致苹果生产的"柠檬市场"和苹果整体质量的下滑。

因此，强化苹果产业供给侧结构性改革，逐步淘汰苹果非适生区、次生区和优生区部分区域的低效落后产能是苹果产业可持续发展的当务之急。苹果生产需要与资源禀赋、消费总量和结构、自然环境状况匹配，苹果空间布局需要与产业环境、区位因素适应，通过保障优质优价市场价格发现机制的有效运行来引导生产端的高质量发展和提高苹果种植效益。

三、中国苹果生产布局优化的政策启示

（一）增强政策引导与政府规制

虽然为调整苹果生产结构，优化区域产业布局，农业部通过颁布苹果优势区域规划及其配套的产业政策，有效引导了苹果产业区域集聚和社会资源优化配置，使苹果生产向优势产区集中。但受体制机制、经济利益、地方政府重视程度和政策支持力度等因素的影响，《规划》执行过程中有效监管与规制机制的缺乏导致其引导作用受限，资源禀赋与生产实际相结合的适地适栽原则贯彻不够，苹果比较收益的外溢效应、产业扶贫的政策支持等因素诱导苹果非适生区和次生区盲目种植和扩大苹果面积，导致苹果产业总体发展质量下降，放大了苹果生产的自然风险与市场风险，苹果市场价格持续性波动。

苹果生产布局影响因素模型实证分析表明苹果优势区域规划对促进苹果生产布局向优势区集聚具有显著作用。因此，应强化政策引导与规制作用，突出苹果生产领域的政策创新，进一步优化苹果生产布局。在供给侧结构性改革和乡村振兴战略的政策背景下，应准确把握苹果生产布局及集聚特征变迁规律，结合新时期苹果产业的发展需要，根据各产区的资源禀赋和生产实际，按照适地适栽和发挥区域比较优势的原则制定合理的苹果生产区域布局规划，并在执行过程中严格规制区域苹果产业规划的实施。通过政策的引导和规制作用，尽快调整现有不合理的苹果生产布局，逐步调减和淘汰苹果非适生区、次生区的苹果产能以及优生区部分区域的落后产能，为优势区留置一定的市场空间，提高黄土高原和渤海湾两大优势产区的苹果生产能力，引

导苹果生产逐步向优生区集中，培育标准化、高质高效的苹果生产基地。各区域需要结合资源禀赋与现实需要，实施具有针对性的产业政策和探索适合当地发展的种植结构，切忌盲目发展苹果种植。取消非优势区的苹果产业支持政策，将主要发展资源向优势区转移，强化苹果产业在优生区集聚的技术进步效应、经济效应、社会效应和环境效应，从根本上优化苹果生产布局。

根据各苹果生产省区的苹果生产比较优势，应逐步调减和淘汰北京、天津、安徽、湖北、吉林等不具有苹果生产优势的"双低"省区的苹果产能，合理利用区域资源环境，种植区域内更具生产比较优势的其他适宜作物；新疆虽然属于苹果"效率优势"省区，但还需要进一步加大资本投入与科技支撑力度，适度扩大苹果种植规模；山东、河北、陕西、甘肃等"规模优势"省区应增加技术投入，提高全要素生产率，促使效率优势和规模优势同向发展；辽宁和宁夏等兼具苹果生产效率与规模比较优势的"双高"省区应该创新苹果产业发展模式，提高苹果生产资源的利用率，增加苹果加工产品附加值，努力搞好品牌建设，积极培育龙头企业。总之，要结合资源禀赋与现实需要，以当地的自然、经济、技术、产业发展水平等区位要素禀赋，优化苹果生产区域布局。

（二）改善苹果生产条件

加强基础设施建设，不断改善苹果生产条件。苹果生产布局影响因素模型实证分析表明苹果受灾面积、苹果有效灌溉面积和陆路运输密度对苹果生产布局都有显著影响。诚然，基础设施建设是保障苹果生产价值实现和收益提升的重要基础，应通过增加资金、人力等要素的投入，巩固与加强苹果灌溉等基础设施建设，提高苹果生产的科技水平和机械化水平，努力营造苹果生产的最优生产环境；加强农产品运输及配套设施建设，有效保障苹果的产销衔接，提高产品的流通效率，优化区际物流及均衡供应条件；增强苹果防灾抗灾能力，切实有效稳定苹果生产能力，在自然灾害频发的现实背景下，应增强苹果灾害预警与应急能力，增加对果园防灾减灾设备的投入，依靠苹果生产技术进步，提高苹果生产水平，降低灾害损失，稳定苹果供给。

需要强调的是，受自然灾害影响较大的产区应该培育和推广抗灾性状优良的苹果新品种，增加防灾抗灾技术培训与指导，增强经营主体应对自然灾害的能力；对劳动力成本高、机械化水平低的渤海湾和黄土高原苹果优势区的一些省区，研究、开发并大力推行适宜苹果生产作业的专业机械替代劳动力以降低苹果生产成本，增强优势区的苹果产能和苹果效益。

（三）促进苹果供需有效衔接

立足供给侧结构性改革根本，发展供需一体化协调发展的现代苹果产业。苹果比较收益是农户种植苹果的决策依据，也是促进区域苹果生产集中的科学遵循。在苹果产业发展由数量为先向质量数量并重转变和苹果消费市场需求升级的新背景下，应基于农业供给侧结构性改革的发展思路，在充分发挥区域比较优势基础上，立足供给侧和需求侧优化品种结构，转变发展方式，调整产业规划，在优生区建立规模化的核心产区，提高苹果质量和市场价值，以满足日益增长的高消费群体对高品质苹果的需求。

具体来看，应根据苹果市场需求，通过逐步调整压缩苹果种植规模，适量扩大早中熟品种规模，严控晚熟品种面积，逐步调整早中晚熟品种的种植比例至 1∶3∶6，改善富士苹果独大的苹果品种结构格局。发展供需一体化协调发展的现代苹果产业，需要整合和协调产前、产中、产后各环节之间的资源和关系，果农应进行标准化生产，改造产能落后果园，优化种植品种，提高果品质量，增强议价能力；涉果企业应注重品牌建设，打造高质量的果品品牌，持续满足国内外市场需求；果业管理部门应重视长远规划，完善苹果技术标准体系和质量管理体系，提高产业的组织化程度和竞争力；国家需立足于国内与国际市场，建立苹果绿色发展的激励机制和保障制度，打破国际贸易品质壁垒，提高国内苹果的国际竞争力水平。

四、本章小结

本章在综合前面几章分析结果的基础上，阐述了中国苹果生产布局优化的必要性、基本原则以及政策建议。结果发现：

资源禀赋与生产实际相结合的适地适栽原则贯彻不够，导致苹果非适生区和次生区盲目种植苹果，扩大苹果种植面积，放大了苹果生产的自然风险与市场风险，致使苹果市场价格持续波动，并加剧了"劣果驱逐良果"的"柠檬市场"效应，苹果产业生产总量与质量上的结构性失衡压力凸显了优化苹果生产布局的必要性和紧迫性；与世界苹果强国相比，中国苹果生产效率总体较低，在土地产出率、劳动产出率和资本产出率方面均落后于世界其他苹果主产国，由以往的规模扩张、粗放经营、低效产业培育转向质量效益、集约发展、高效市场对接的现实需要凸显了优化苹果生产布局的现实性和时代性；苹果供给与需求结构性失衡、小生产与大市场的矛盾凸显了优化苹果生产布局的重要性和关键性。因此，在优化中国苹果生产布局时，要坚持发挥区域比较优势的原则，相关部门在制定苹果产业政策时，应综合考虑各地区成本、交通、气候等资源优势，对产地区位环境和市场定位进行精准规划；要坚持苹果效益导向的原则，以提质增效为核心，以增加收入为目标，通过提高苹果生产效率和降低苹果生产成本来增加苹果种植收益；要坚持供给侧结构性改革的原则，在苹果种植面积过大的发展趋势下，产能过剩和供求矛盾凸显了去产能和调结构的重要性和必要性。

为了进一步优化中国苹果生产布局，应增强政策引导与规制作用，尽快调整现有不合理的苹果生产布局，逐步调减和淘汰苹果非适生区、次生区的苹果产能与优生区部分区域的落后产能，巩固和提升黄土高原优势区和渤海湾优势区的苹果生产水平，促进苹果种植进一步向优生区集中；应加强基础设施建设，不断完善苹果生产条件，巩固与完善苹果灌溉、农产品运输、果园防灾减灾等基础设施建设，提高苹果生产水平，稳定供给总量；立足供给侧与需求侧，发展供需一体化的现代果业模式，调整产业结构，引导苹果产业链各经营主体整合和优化产前、产中、产后环节间的关系，提高苹果整体质量和市场价值。

第八章　研究结论与展望

本书在全面系统地综述国内外相关研究成果及分析中国苹果产业发展概况的基础上，首先运用统计描述法、LMDI 分解法、集中度指数、集中化指数以及生产重心演变轨迹等方法，多角度分析了中国苹果生产的发展历程和布局变化状况，探寻中国苹果生产布局演变的内在规律；其次，基于产业布局理论、农业生产布局理论、新空间经济学理论和农业区域要素理论，构建了苹果生产布局变化相关影响因素的理论分析框架，并利用 22 个苹果生产省区 1978—2018 年的省级面板数据，运用传统面板数据模型和空间面板数据模型，检验了中国苹果生产布局演变的驱动因素；第三，根据比较优势理论，采用基于效率和规模的综合比较优势指数探析了各省区在苹果生产方面的优势演变态势，并对其优势的合理性进行评价；最后，基于上述理论分析和实证研究结果，阐述中国苹果生产布局优化的必要性、基本原则以及政策建议，为制定科学合理的苹果产业发展长期规划和生产政策提供决策依据。

一、研究结论

本研究分析了中国苹果产业的发展进程及其布局演变特征，实证检验影响中国苹果生产布局演变的主要因素，并对其优势的合理性进行评价，提出优化中国苹果生产布局的政策建议。以下是本研究的主要结论：

（1）中国苹果产能不断提高。自改革开放以来，中国苹果产业发展迅速，苹果种植面积和产量分别自 1988 年和 1992 年以来持续居于世界首位，现已成为世界上最大的苹果生产国。苹果在中国果业生产中也一直占据重要地位，是中国重要的五大园林水果之一。2008 年之前苹果在种植规模上是中国第一大园林水果，但随着市场需求变化和果业生产结构调整，苹果种植面积和产量占全国水果种植面积和产量的比例总体呈波动下降趋势，现已成为仅次于柑橘的第二大园林水果。从苹果生产的时序变化特征来看，中国苹果生产波动性特征明显，苹果种植面积、产量和单产均呈波动增长趋势，但苹果种植面积波动幅度较大，中国苹果生产规模先后经历了稳定期（1978—1984 年）、速增期 I（1985—1991 年）、速增期 II（1992—1996 年）、速降期（1997—2003 年）和饱和期（2004—2018 年）五个阶段。总体来看，1978—2018 年中国苹果种植面积从 67.89 万公顷增至 193.86 万公顷，年平均增长率为 2.66%；苹果产量从 227.50 万吨增至 3 923.30 万吨，年平均增长率为 7.38%；苹果单产从 3 351.17 千克/公顷增至 20 237.80 千克/公顷，年平均增长率为 4.60%。从苹果增产幅度入手可以将 22 个省区划分为超速增长型和滞后增长型，其中，前者有 12 个，后者有 10 个；按照苹果增产类型划分为单产主导型和面积扩张主导型两种，其中，前者有 17 个，后者有 5 个。从本质上来看，苹果产量的增减主要是种植面积和单产变化共同作用的结果，1978—2018 年苹果单产变化对增产量的贡献率高于种植面积变化的贡献率，表明技术进步驱动单产水平的提升是中国苹果增产的主要动力。

（2）中国苹果生产布局重心"西移南进"特征明显。苹果产业集聚是稳定苹果产品供给与确保产业安全的关键，也是苹果产业发展的必然趋势。本研究运用生产集中度指数和生产集中化指数分析发现，1978—2018 年中国苹果生产在空间上不断扩张，导致苹果生产集中化水平总体呈下降趋势。从苹果产区分布格局来看，1978—2018 年黄土高原优势区的苹果生产集中度持续上升且上升幅度最高，并演变成为中国最大的苹果产区，渤海湾优势区逐步下降为中国第二大苹果产区，其他产区苹果生产地位基本稳定。从苹果生产省区分布格局来看，中国苹果生产集中度排名前 6 的省区由 1978 年的山东、辽宁、河北、河南、陕西和山西转变为 2018 年的陕西、山东、河南、山西、甘肃和辽宁，中西部的部分省份（如陕西、山西、甘肃等）苹果生产集中度持续上升，并逐渐成为中国主要的苹果生产省区。中国苹果种植面积重心由 1978 年的 115.24°E、37.06°N（位于河北省巨鹿县境内）移动至

2018 年的 110.16 °E、36.44 °N（位于陕西省延长县境内），总体上向西南方向移动了 586.13 千米；苹果产量重心由 1978 年的 116.95°E、37.86°N（位于河北省南皮县境内）移动至 2018 年的 111.65°E、36.44°N（位于山西省灵石县境内），总体上向西南方向移动了 609.40 千米。综上，从产区和省区层面均可以看出，中国苹果生产重心呈现"西移南进"态势，由渤海湾优势区向黄土高原优势区迁移，基本符合国家苹果产业布局规划和产业政策的目标导向。

（3）中国苹果生产布局演变受多重因素影响。根据新空间经济学理论、产业布局理论、农业生产布局理论和农业区域要素理论，中国苹果生产布局呈现一定的空间集聚特征，并且中国苹果生产布局集聚主要受资源环境、机会成本、基础设施、技术进步、消费需求和政策环境六个方面因素的影响。本研究运用空间统计分析方法和空间计量模型实证检验中国苹果生产布局集聚特征及其影响因素，结果发现：1978 年以来中国省域层面的苹果生产在空间分布上具有显著的空间自相关性，苹果生产水平比较接近的区域呈现空间集聚特征，并且这种空间集聚效应呈波浪式演进趋势。苹果种植面积的空间集聚程度随着时间的推移具有逐渐减小的变化趋势，高-高集聚（HH）类型的省区由 1978 年的河北、河南转变为 2018 年的山西、河南，苹果种植高集聚区明显向西南方向移动，主要集中分布在以山西和河南为中心的中西部地区。在考虑空间效应的情况下，苹果比较收益、苹果有效灌溉面积、运输密度、苹果优势区域规划、"米袋子"省长负责制和苹果受灾面积等多种因素均对中国苹果生产的空间分布格局演变产生了显著的影响。

（4）中国苹果生产比较优势的区域差异分化明显且布局总体基本合理。测算区域苹果生产的比较优势水平是评价中国苹果生产布局合理性的重要前提，本研究采用基于规模和效率的综合比较优势指数对中国 22 个省区的苹果生产优势的动态变化进行了探讨，结果发现：从产区层面来看，渤海湾优势区的苹果效率比较优势指数和综合比较优势指数呈先增后减的"倒 U"形趋势，但苹果规模比较优势指数总体呈增长趋势；黄土高原优势区的苹果效率、规模和综合比较优势指数总体均呈增长趋势，且在五大产区中具有最显著的苹果规模比较优势，现已成为中国最大的苹果优势产区；黄河故道产区的效率和综合比较优势指数都呈现出一定幅度的增长趋势，但其规模比较优势指数有所下降；西南冷凉高地产区的苹果效率比较优势指数虽略有增加，但其规模和综合比较优势指数呈下降趋势；特色产区的苹果效率和综合比较优势指数均呈现出显著的下降趋势，但规模比较优势呈现出增长趋势。从各苹果生产省区层面来看，河南、山西和陕西等中西部省区的苹果效率比较优势上升明显，逐渐成为中国苹果生产的中心区域，山东、辽宁、河北等传统苹果生产大省的苹果效率比较优势逐渐下降，并且大部分苹果生产省区不具备效率比较优势，全国 22 个苹果生产省区中具有效率比较优势只有 3 个；陕西、山东、山西、辽宁和甘肃的苹果规模比较优势明显，但全国 22 个苹果生产省区中不具备规模比较优势有 10 个；山东、陕西和甘肃的苹果综合比较优势明显，但大部分苹果生产省区不具备综合比较优势，全国 22 个苹果生产省区中具备综合比较优势仅有 9 个。综合来看，黄土高原产区比渤海湾产区在苹果生产上更具优势，中国苹果生产重心从渤海湾优势区向黄土高原优势区转移基本符合区域种植业内部比较优势的变化趋势。

（5）中国苹果生产布局仍需要进一步优化。随着中国苹果产业的发展，苹果生产布局仍然存在一些问题需要优化：一是部分主产省区的苹果生产效率与规模比较优势不一致，有些甚至存在较大差距。2018 年有 3 个苹果生产省区的效率比较优势显著大于其规模比较优势，12 个省区的规模比较优势显著大于其效率比较优势。根据 1978—2018 年各个省区苹果效率比较优势指数与生产规模比较优势指数的平均趋势可以发现，有 8 个省区属于低效率比较优势-低生产规模优势（$EAI<1.0$，$SAI<1.0$）的"双低省份"，1 个省区属于高效率比较优势-低生产规模优势（$EAI>1.0$，$SAI<1.0$）的"效率比较优势"省区，10 个省区属于低效率比较优势-高生产规模优势（$EAI<1.0$，$SAI>1.0$）的"生产规模优势"省区，3 个省区属于高效率比较优势-高规模比较优势（$EAI>1.0$，$SAI>1.0$）的"双高"省区，即使在具有苹果综合比较优势的省区中，也有半数以上的主产省区苹果生产的效率比较优势与规模比较优势不一致。二是部分传统产区苹果生产地位下降。虽然中国苹果主产省区的基本格局相对稳定，但部分省区的位次变化明显，例如山东、辽宁、河北等东部省份的位次下降，而陕西、甘肃等西部省份位次呈上升趋势。三是苹果产销的地域分异扩大。1978—2018 年中国苹果"生产-消费"地理联系率呈"M"形变化趋势，近年来苹果生产与消费在地区之间的差异越来越明显,各区域间的产销不平衡性加剧,而省区间苹果的流通明显增加,中国苹果生产与消费格局发生重大变化,陕西、甘肃、山西等中西部省份已成为中国重要的苹果生产和调出省,苹果远距离物流、大规模运输格局难以改变。四是部分主产省区不具有苹果效益优势。中国不同省区的苹果生产成本变化在经历同步增长阶段(1998—2008 年)和差异化增长阶段(2009—2018 年)后,苹果生产成本与收益具有明显的差异分化,渤海湾优势区的部分省区大幅缩减苹果种植面积,而黄土高原优势区的部分省区大幅增加苹果种植面积,苹果生产的人工成本和土地成本比较优势是陕西和河南等中西部省份取代辽宁、河北等东部省份成为中国新兴苹果生产大省的重要推动力,山东和陕西的苹果销售价格、亩均净利润和成本利润率较高的比较优势是促推其成为中国最大苹果生产省区的真正动因。而甘肃和河南等高投入-低产出区与山西、河北和辽宁等低投入-低产出区不具有苹果生产效益优势。

(6)中国苹果生产布局优化需要多举措并举。在总结中国苹果生产布局演变规律、探究中国苹果生产布局集聚及其影响因素、对比苹果生产区域比较优势的基础上,本研究发现中国苹果产业发展过程中存在因地制宜布局原则贯彻乏力、苹果生产效率总体较低、供给与需求结构性失衡等问题,凸显了优化中国苹果生产布局的必要性。未来在优化中国苹果生产布局时,应该坚持发挥区域比较优势、坚持苹果效益导向和强化供给侧结构性改革的基本原则,增强政策的引导作用与政府的规制作用,按照适地适栽和发挥区域比较优势的原则制定合理的苹果生产区域布局规划,并在政策执行过程中严格规制区域苹果产业规划的实施,尽快调整现有不合理的苹果生产布局,逐步调减和淘汰苹果非适生区、次生区的苹果产能以及优生区部分区域的落后产能,巩固和提升黄土高原优势区和渤海湾优势区的苹果生产水平,促进苹果种植进一步向优生区集中;改善苹果生产条件,巩固与加强苹果灌溉设施、苹果运输及其配套设施、果园防灾抗灾设施等基础设施建设,切实有效稳定和提高苹果生产能力;促进苹果供需有效衔接,紧紧围绕需求和消费,转变苹果产业发展方式,调整苹果品种种植结构,整合和优化产前、产中、产后各环节之间的关系以及苹果产业链上各经营主体的关系,有效保障苹果的产销衔接。

二、研究不足与展望

本研究为分析中国苹果生产布局演变及其优势评价提供了可行思路，从而为进一步优化中国苹果生产布局和制定合理的苹果生产区域布局规划提供了更加科学的参考依据，但本研究仍然存在以下不足之处：

（1）本研究以中国 22 个苹果生产省区 1978—2018 年的面板数据为基础，定量分析中国苹果生产布局的演变规律及其驱动因素，但苹果生产布局的空间尺度不应只停留在省级层面，基于县（市）层面的研究会更加具有针对性和现实性，这也是本研究后续工作的目标和努力方向。

（2）受统计数据资料不完整的局限，本研究的部分变量指标只能通过对相关数据进行折算处理后获得，这在一定程度上对研究结果的准确性产生影响。如何获取更直接、更精准的苹果相关指标数据以提高研究的准确性仍然是后续改进的重点。

（3）由于研究的时间跨度大、涉及省份单元较多，受到时间和精力的限制，构建中国苹果生产布局优势评价指标时所需的数据大量缺失，因此，本研究根据获取的已有数据，运用了综合比较优势指数法对中国苹果生产布局合理性进行评价。本研究结论与部分已有研究结论一致，但受数据限制，本研究未使用其他评价指标或评价体系进行多角度评价，可能存在评价结果偏误。如果能够对中国苹果生产布局构建更加全面和科学的评价指标体系，研究结果能更好地反映中国苹果生产布局的适宜性和合理性。

（4）本研究重点考察了 1978—2018 年中国苹果生产布局演变与优势评价，涵盖全国 22 个苹果生产省区，涉及指标变量和数据较多，但受统计资料数据限制，在分析中国苹果生产布局演变的驱动因素和进行中国苹果生产布局优势评价时，只考虑了苹果这一作物，对苹果与区域内其他品种作物关系的探讨相对缺乏。在后续研究中，如何克服数据限制、细化研究对象，充分考虑苹果与其他品种作物之间的关系对中国苹果生产布局的影响，设计区域内苹果与其他品种作物之间生产布局协调发展的优化方案，提升研究结论的科学性、可靠性和实践意义，仍是本研究未来继续探讨的重点。

阿尔弗雷德·韦伯，2011. 工业区位论 [M]. 李刚剑，等，译. 北京：商务印书馆.

阿弗里德·马歇尔，2013. 经济学原理 [M]. 廉运杰，译. 北京：华夏出版社.

白秀广，李纪生，霍学喜，2015. 气候变化与中国苹果主产区空间变迁 [J]. 经济地理，
　35（6）：130-137.

包风霞，2008. 农村户用沼气区域适宜性评价指标体系与应用研究 [D]. 杨凌：西北农
　林科技大学.

彼得·迪肯，2007. 全球性转变——重塑21世纪的全球经济地图 [M]. 刘卫东，等，
　译. 北京：商务印书馆.

蔡昉，2013. 中国经济增长如何转向全要素生产率驱动型 [J]. 中国社会科学（1）：56-71.

曹盼，张润清，王健，2013. 我国休闲农业开发适宜度评价与实证分析 [J]. 广东农业
　科学，40（2）：233-236.

柴玲欢，朱会义，2016. 中国粮食生产区域集中化的演化趋势 [J]. 自然资源学报，31
　（6）：908-919.

陈欢，王全忠，周宏，2015. 中国玉米生产布局的变迁分析 [J]. 经济地理，35（8）：
　165-171.

陈强，2014. 高级计量经济学及 Stata 应用（第2版）[M]. 北京：高等教育出版社.

陈志刚，王青，黄贤金，等，2007. 长三角城市群重心移动及其驱动因素研究 [J]. 地
　理科学，27（4）：457-462.

程沅孜，李谷成，李欠男，2016. 中国油菜生产空间布局演变及其影响因素分析 [J].
　湖南农业大学学报（社会科学版），17（2）：9-15.

程沅孜，2016. 中国农业生产布局及其演变的研究进展 [J]. 湖北农业科学，55（3）：
　548-553.

崔爱琴，韩若冰，胡继连，2019. 山东棉花生产的衰退与集中：一个比较优势分析框架
　[J]. 中国农业资源与区划，40（7）：171-180.

代振，2014. 基于 Arcgis 的重庆市休闲度假地产布局优化研究 [D]. 重庆：西南大学.

党纳，2016. 新型苹果品质改良剂的应用效果及其机理研究 [D]. 杨凌：西北农林科技

大学.

邓秀新，2018. 中国水果产业供给侧改革与发展趋势［J］. 现代农业装备（4）：13 - 16.

邓宗兵，封永刚，张俊亮，等，2013a. 中国粮食生产空间布局变迁的特征分析［J］. 经济地理，33（5）：117 - 123.

邓宗兵，封永刚，张俊亮，等，2013b. 中国粮食生产区域格局演变研究［J］. 农业技术经济（9）：108 - 114.

邓宗兵，封永刚，张俊亮，等，2014. 中国粮食生产区域格局变动及成因的实证分析［J］. 宏观经济研究（3）：94 - 99.

丁焕峰，李佩仪，2009. 中国区域污染重心与经济重心的演变对比分析［J］. 经济地理，29（10）：1629 - 1633.

丁文雁，袁斌，周应恒，2017. 中国水果产业增长模式及趋势分析——以柑橘为例［J］. 世界农业（12）：148 - 155.

董强，2013. 苹果中菊酯农药降解及变化规律研究［D］. 杨凌：西北农林科技大学.

董子铭，刘天军，2016. 中国苹果生产布局变迁的影响：结构效应还是竞争效应［J］. 北方园艺（11）：173 - 177.

樊杰，2015. 中国主体功能区划方案［J］. 地理学报，70（2）：186 - 201.

范英，2010. 中国苹果生产布局变迁研究［D］. 杨凌：西北农林科技大学.

封志明，孙通，杨艳昭，2016.2003—2013 年中国粮食增产格局及其贡献因素研究［J］. 自然资源学报，31（6）：895 - 907.

冯晓龙，霍学喜，2015. 考虑面源污染的中国苹果全要素生产率及其空间集聚特征分析［J］. 农业工程学报，31（18）：204 - 211.

冯晓龙，刘明月，仇焕广，等，2018. 资产专用性与专业农户气候变化适应性生产行为——基于苹果种植户的微观证据［J］. 中国农村观察（4）：74 - 85.

高帆，2005. 我国粮食生产的地区变化：1978—2003 年［J］. 管理世界（9）：70 - 78.

高翔，2009. 新疆粮食生产布局优化研究［D］. 乌鲁木齐：新疆农业大学.

高群，柯杨敏，曾明，2018.1978—2015 年中国糖料作物生产集中化水平变迁［J］. 经济地理，38（11）：166 - 173.

耿献辉，周应恒，2010. 从集中走向分散：我国梨生产格局变动解析［J］. 南京农业大学学报（社会科学版），10（3）：38 - 44.

耿献辉，卢华，周应恒，2014a. 劳动力成本上升对我国水果产业的影响——以梨产业为例［J］. 农林经济管理学报，13（5）：461 - 466.

耿献辉，卢华，周应恒，2014b. 我国梨生产布局变迁及其影响因素——基于省级面板数

据分析 [J]. 农业经济与管理 (4)：67-77.

龚立新，2019. 基于比较优势的河南省农作物生产格局演变及空间优化研究 [J]. 河南农业大学学报，53 (1)：142-151.

顾莉丽，2012. 中国粮食主产区的演变与发展研究 [D]. 长春：吉林农业大学.

顾天竹，周启凡，2017. 中国香蕉生产布局的时空演变分析 [J]. 江苏农业科学，45 (5)：315-319.

关佳晨，蔡海龙，2019. 我国马铃薯生产格局变化特征及原因分析 [J]. 中国农业资源与区划，40 (3)：92-100.

郭玮，2000. 我国农业生产力布局的变化趋势及存在问题 [J]. 调研世界 (1)：32-34.

国家苹果产业技术体系，2017. 中国现代农业产业可持续发展战略研究——苹果分册 [M]. 北京：中国农业出版社.

国家统计局农村社会经济调查司，2019. 中国农村统计年鉴 (2018) [M]. 北京：中国统计出版社.

郝晓燕，2019. 我国小麦生产区位集聚：特征、影响因素及增长效应 [D]. 北京：中国农业大学博士学位论文.

何水涛. 2014. 全球气候变暖与我国苹果适宜产区的移动预测 [J]. 果农之友 (5)：3-4.

何友，曾福生，2018. 中国粮食生产与消费的区域格局演变 [J]. 中国农业资源与区划，39 (3)：1-8.

贺亚亚，李谷成，2016. 中国种植业地理集聚：行业特征、专业分工与时空演变 [J]. 农业现代化研究，37 (3)：496-504.

洪波，李文静，张俊飚，2020. 中国食用菌生产重心迁移路径及贡献度分解 [J]. 食药用菌，28 (4)：217-225.

侯建昀，霍学喜，2016. 专业化农户农地流转行为的实证分析——基于苹果种植户的微观证据 [J]. 南京农业大学学报 (社会科学版)，16 (2)：93-104.

胡安俊，孙久文，2018. 产业布局的研究范式 [J]. 经济学家 (2)：12-19.

胡炜童，2019. 中国苹果价格波动研究 [D]. 杨凌：西北农林科技大学.

黄爱军，1995. 我国粮食生产区域格局的变化趋势探讨 [J]. 农业经济问题 (2)：20-23.

黄季焜，杨军，仇焕广，2012. 新时期国家粮食安全战略和政策的思考 [J]. 农业经济问题，33 (3)：4-8.

黄锐，2015. A水壶厂生产布局优化及生产要素配置优化研究 [D]. 长春：吉林大学硕士.

贾茂辉，王桂霞，2012. 中国肉牛主产区空间布局变迁的实证分析 [J]. 吉林农业 (3)：27-28.

姜磊，2020. 应用空间计量经济学 ［M］. 北京：中国人民大学出版社.

匡立学，聂继云，李银萍，等，2020. 中国不同地区"富士"苹果品质评价 ［J］. 中国农业科学，53（11）：2253-2263.

勒施·奥古斯特，2011. 经济空间秩序 ［M］. 王守礼，译. 北京：商务印书馆.

李二玲，庞安超，朱纪广，2012. 中国农业地理集聚格局演化及其机制 ［J］. 地理研究，31（5）：885-898.

李红霞，汤瑛芳，沈慧，2019. 甘肃马铃薯省域竞争力分析 ［J］. 干旱区资源与环境，33（8）：36-41.

李建东，郭瑞，纪庆，2006. 生态农业综合评价指标体系在辽宁省绿色食品生产布局方面的应用 ［J］. 杂粮作物（2）：119-122.

李瑾，秦向阳，2009. 基于比较优势理论的我国畜牧业区域结构调控研究 ［J］. 农业现代化研究，30（1）：6-10.

李俊茹，王明利，杨春，等，2019. 中国肉牛产业全要素生产率的区域差异与影响因素——基于2013—2017年15省区的面板数据 ［J］. 湖南农业大学学报（社会科学版），20（6）：46-55.

李雪冬，李玉春，姜中武，2020. 新疆阿克苏地区苹果生产现状及发展前景 ［J］. 烟台果树（3）：10-12.

李雨凝，2016. 安徽省茶叶生产布局变迁及优化研究 ［D］. 合肥：安徽农业大学.

林达尔，1963. 货币和资本理论的研究 ［M］. 陈福生，等，译. 北京：商务印书馆.

林思宇，王良健，马中，2014. 1990年以来湖南人口与经济重心及其演化 ［J］. 经济地理，34（10）：31-38.

林正雨，陈强，邓良基，等，2019. 基于 Maxent 和 Mcr 的四川省柑橘生产布局模拟 ［J］. 中国农业资源与区划，40（9）：64-74.

刘昊一，凌小燕，曹光乔，等，2019. 江苏省主要农作物区域优势分析 ［J］. 江苏农业科学，47（22）：109-112.

刘合光，谢思娜，2013. 中国马铃薯生产区域格局变化及其成因实证分析——基于1995—2010年省份面板数据 ［J］. 农业经济与管理（1）：72-78.

刘娟，2007. 福建省人口重心移动路径及其影响因素的人口学分析 ［J］. 人口学刊（1）：16-21.

刘时东，陈印军，方琳娜，2014. 东北三省粮食生产区域变化及影响因素分析 ［J］. 中国农学通报，30（11）：44-49.

刘天军，范英，2012. 中国苹果主产区生产布局变迁及影响因素分析 ［J］. 农业经济问题，33（10）：36 - 42.

刘英杰，2005. 中国苹果产业经济研究［D］. 北京：中国农业大学.

刘再兴，祝诚，1988. 生产布局学原理［M］. 北京：中国人民大学出版社.

刘梓函，年福华，施赞红，2018. 苏州市畜禽养殖业空间布局适宜性评价［J］. 苏州科
    技大学学报（自然科学版），35（2）：55 - 60.

陆文聪，梅燕，2007. 中国粮食生产区域格局变化及其成因实证分析——基于空间计量
    经济学模型［J］. 中国农业大学学报（社会科学版），24（3）：140 - 152.

陆文聪，梅燕，李元龙，2008. 中国粮食生产的区域变化：人地关系、非农就业与劳动
    报酬的影响效应［J］. 中国人口科学（3）：20 - 28.

罗万纯，陈永福，2005. 中国粮食生产区域格局及影响因素研究［J］. 农业技术经济
    （6）：60 - 66.

吕杰，席晓玲，刘洪彬，等，2016. 辽宁省玉米布局变化及其区域比较优势研究［J］.
    沈阳农业大学学报，47（3）：379 - 384.

吕缙，2013. 典型地区鲜食苹果价格变动机理研究［D］. 杨凌：西北农林科技大学.

迈克尔·波特，1997. 竞争战略：分析产业和竞争者的技巧［M］. 陈小悦，译. 北京：
    华夏出版社.

孟广文，王春智，鲁笑男，等，2017. 天津市经济发展的重心空间演变及未来展望［J］.
    经济地理，37（5）：87 - 93.

聂雷，郭忠兴，汪险生，等，2015. 我国主要粮食作物生产重心演变分析［J］. 农业现
    代化研究，36（3）：380 - 386.

农业部 . 2003. 苹果优势区域发展规划［EB/OL］. http：//www. moa. gov. cn/xw/zwdt/
    200305/t20030526 _ 86294. htm.

农业部 . 2009. 苹果优势区域布局规划（2008—2015 年）［EB/OL］. http：//www. moa.
    gov. cn/xw/zwdt/200902/t20090218 _ 1220849. htm.

彭玉亮，2010. 比较优势与我国棉花生产布局变动研究［J］. 求索（10）：1 - 4.

强艳玉，2018. 甘肃省苹果产业生产效率及影响因素分析［D］. 兰州：甘肃农业大学.

乔志霞，2018. 农业劳动力老龄化对苹果户生产行为影响研究［D］. 杨凌：西北农林科
    技大学.

乔志霞，金连平，张艳荣，等，2016. 黄土高原区苹果产业比较优势测算与评价——以
    甘肃省为例［J］. 中国农机化学报，37（9）：112 - 118.

屈小博，2008. 不同经营规模农户市场行为研究［D］. 杨凌：西北农林科技大学.

曲衍波，齐伟，赵胜亭，等，2008. 胶东山区县域优质苹果生态适宜性评价及潜力分析

［J］．农业工程学报，24（6）：109－114.

任丽，杨联安，王辉，等，2018.基于随机森林的苹果区土壤有机质空间预测［J］．干旱区资源与环境，32（8）：141－146.

邵砾群，2015.中国苹果矮化密植集约栽培模式技术经济评价研究［D］．杨凌：西北农林科技大学.

邵帅，张可，豆建民，2019.经济集聚的节能减排效应：理论与中国经验［J］．管理世界，35（1）：36－60.

石建平，霍学喜，聂鹏，2010.中国苹果消费现状及特征分析［J］．北方园艺（22）：184－185.

帅国文，2000.评析《历史决定论的贫困》中的几个观点［J］．华南理工大学学报（社会科学版）（1）：19－24.

宋彩平，孔浩，杜燕妮，等，2019.中国油茶生产区域优势变化研究［J］．林业经济问题，39（1）：105－112.

宋晓丽，张复宏，王洪煜，等，2018.我国苹果主产区比较优势空间变迁及影响因素［J］．北方园艺（14）：168－177.

宋哲，王宏，里程辉，等，2016.我国苹果产业存在的主要问题、发展趋势及解决办法［J］．江苏农业科学，44（9）：4－8.

苏文斌，樊福义，郭晓霞，等，2016.华北区甜菜生产布局、存在的问题、发展趋势及对策建议［J］．中国糖料，38（6）：66－70.

速水佑次郎，弗农·拉坦，2014.农业发展：国际前景［M］．北京：商务印书馆.

孙才志，马奇飞，赵良仕，2018.中国东、中、西三大地区水资源绿色效率时空演变特征与收敛性分析［J］．地理科学进展，37（7）：901－911.

孙佳佳，2014.中国苹果进口贸易研究［D］．杨凌：西北农林科技大学.

孙久文，2010.区域经济学教程［M］．北京：中国人民大学出版社.

谭晓艳，张晓恒，游良志，2020.自然因素和政策干预对中国棉花生产布局变迁的影响［J］．农业技术经济（4）：79－93.

谭智心，曹慧，陈洁，2012.中国粮食生产区域布局的演变特征及成因分析——基于全国各省（区）面板数据的实证研究［J］．调研世界（9）：7－11.

唐华俊，罗其友，2008.农业区域发展学导论［M］．北京：科学出版社.

唐惠燕，包平，2014.基于GIS江苏水稻种植面积与产量的空间重心变迁研究［J］．南京农业大学学报（社会科学版），14（1）：118－124.

王彩峰，史建民，2017.山东省苹果种植面积的时空演变特征分析［J］．中国农业资源与区划，38 (12)：170-177.

王金照，2011. 基于能值分析的陕西小麦、玉米、苹果、大枣比较优势研究 [D]. 杨凌：
西北农林科技大学.

王金政，毛志泉，丛佩华，等，2019. 新中国果树科学研究 70 年——苹果. 果树学报，
36 (10)：1255-1263.

王刘坤，祁春节，2018. 中国柑橘主产区的区域比较优势及其影响因素研究——基于省
级面板数据的实证分析 [J]. 中国农业资源与区划，39 (11)：121-128.

王嫚嫚，刘颖，高奇正，等，2017. 湖北省水稻种植模式结构和比较优势时空变化 [J].
经济地理，37 (8)：137-144.

王千，金晓斌，阿依吐尔逊·沙木西，等，2010. 河北省粮食产量空间格局差异变化研
究 [J]. 自然资源学报，25 (9)：1525-1535.

王田利，2020. 中国苹果供给侧问题在 2019 年的暴露及应对措施 [J]. 北方果树 (1)：
47-49.

王伟新，魏金义，2017. 生产空间分布是否影响水果价格波动？——以苹果、香蕉为例
的实证检验 [J]. 农业现代化研究，38 (3)：493-501.

王小兵，李莉，2003. 中国苹果产业发展与展望 [J]. 果农之友 (3)：3-5.

王鑫，2012. 基于 GIS 湖北省县域耕地资源的时空变化研究 [D]. 武汉：华中师范大学.

王怡，2007. 中国苹果市场整合研究 [D]. 南京：南京农业大学.

王勇，2010. 黄淮海地区小麦生产布局演变研究 [D]. 北京：中国农业科学院.

王玉军，刘琼，欧名豪.2019. 基于地质环境适宜性的基本农田布局优化研究 [J]. 农业
工程学报，35 (14)：252-260.

卫龙宝，张菲，2012. 我国奶牛养殖布局变迁及其影响因素研究——基于我国省级面板
数据的分析 [J]. 中国畜牧杂志，48 (18)：52-56.

沃尔特·克里斯塔勒，2010. 德国南部中心地原理 [M]. 常正文，等，译. 北京：商务
印书馆.

吴传钧，2008. 人地关系与经济布局 [M]. 北京：学苑出版社.

吴建寨，张建华，孔繁涛，2015. 中国粮食生产与消费的空间格局演变 [J]. 农业技术
经济 (11)：46-52.

吴娜琳，李小建，2017. 村域视角下农业区域专业化的空间特征及其影响因素——以河
南省西峡县香菇产业为例 [J]. 经济地理，37 (9)：143-151.

伍山林，2000. 中国粮食生产区域特征与成因研究——市场化改革以来的实证分析 [J].
经济研究 (10)：38-45.

武红，2015. 中国省域碳减排：时空格局、演变机理及政策建议——基于空间计量经济学的理论与方法. 管理世界 (11)：3-10.

肖海峰，俞岩秀，2018. 中国棉花生产布局变迁及其比较优势分析 [J]. 农业经济与管理 (4)：38-47.

肖卫东，2013. 中国农业生产地区专业化的特征及变化趋势 [J]. 经济地理，33 (9)：120-127.

肖卫东，2014. 中国种植业地理集聚的空间统计分析 [J]. 经济地理，34 (9)：124-129.

肖智，黄贤金，2017. 长江经济带茶叶生产空间格局演变 [J]. 经济地理，37 (5)：110-115.

肖智，黄贤金，孟浩，等，2017. 2009—2014年中国茶叶生产空间演变格局及变化特征 [J]. 地理研究，36 (1)：109-120.

小岛清，1988. 对外贸易论 [M]. 周宝廉，译. 天津：南开大学出版社.

徐国良，黄贤金，李丽，等，2014. 1991—2011年南海周边国家及地区经济重心及经济发展重心演变分析 [J]. 资源科学，36 (4)：682-690.

徐海亚，朱会义，2015. 基于自然地理分区的1990—2010年中国粮食生产格局变化 [J]. 地理学报，70 (4)：582-590.

徐萌，展进涛，2010. 中国水稻生产区域布局变迁分析——基于局部调整模型的研究 [J]. 江西农业学报，22 (2)：204-206.

许志强，2015. 中国苹果生产成本效益分析 [D]. 杨凌：西北农林科技大学.

薛跳，2010. 黄土高原地区高低产苹果园树体结构特征及根际养分和叶片营养研究 [D]. 杨凌：西北农林科技大学.

薛宇峰，2005. 中国粮食生产区域分化和空间分布的经济学分析 [J]. 上海财经大学学报 (3)：3-10.

晏百恒，周应恒，张晓恒，2017. 农业劳动力价格上升对中国苹果生产要素投入结构的影响 [J]. 农林经济管理学报，16 (5)：563-572.

闫旭东，吴晓光，张宏飞，等，2017. 基于粮食安全和生态安全视角的区域粮食生产布局分区——以内蒙古自治区为例 [J]. 干旱区资源与环境，31 (9)：156-162.

闫振宇，刘天军，刘军弟，等，2017. 低效苹果园改造技术模式、效果及区域差异分析——基于国家苹果产业技术体系24个综合试验站数据的统计分析 [J]. 果树学报，34 (1)：84-93.

杨春，陆文聪，2008. 中国粮食生产空间布局变迁实证 [J]. 经济地理 (5)：813-816.

杨春，陆文聪，2010. 基于空间计量经济模型的县域粮食生产区域格局研究 [J]. 农业技术经济（5）：24 - 29.

杨慧莲，王海南，韩旭东，等，2017. 我国玉米种植区域比较优势及空间分布——基于全国 18 省 1996—2015 年数据测算 [J]. 农业现代化研究，38（6）：921 - 929.

杨万江，陈文佳，2011. 中国水稻生产空间布局变迁及影响因素分析 [J]. 经济地理，31（12）：2086 - 2093.

尹朝静，李谷成，高雪，2016. 气候变化对中国粮食产量的影响——基于省级面板数据的实证 [J]. 干旱区资源与环境，30（6）：89 - 94.

虞祎，张晖，胡浩，2011. 环境规制对中国生猪生产布局的影响分析 [J]. 中国农村经济（8）：81 - 88.

于法稳，2012. 贵州省农业可持续发展优势分析及对策研究 [J]. 贵州财经学院学报（2）：99 - 103.

余卓亚，2014. 贵州山区茶叶种植土地适宜性评价研究 [D]. 贵阳：贵州师范大学.

虞义华，2015. 空间计量经济学理论及其在中国的实践应用 [M]. 北京：经济科学出版社.

袁斌，张燕媛，陈超，2017. 中国苹果产业格局演化及机制分析——基于农户决策的微观视角 [J]. 干旱区资源与环境，31（6）：32 - 37.

约翰·冯·杜能，2011. 孤立国同农业和国民经济的关系 [M]. 吴衡康，译. 北京：商务印书馆.

约翰·斯图亚特·穆勒，2013. 政治经济学原理 [M]. 赵荣潜，等，译. 北京：华夏出版社.

张聪颖，畅倩，霍学喜，2018. 中国苹果生产区域变迁分析 [J]. 经济地理，38（8）：141 - 151.

张复宏，霍明，宋晓丽，等，2017. 基于 SBM 和 Malmquist 指数的中国苹果主产区生产效率空间集聚分析 [J]. 农业技术经济（5）：57 - 66.

张红军，2021. 安徽省粮食作物种植结构演变及粮食安全评价 [J]. 云南农业大学学报（社会科学），15（2）：87 - 93.

张婧，2018. 中国苹果种植成本收益地区差异的实证分析 [D]. 呼和浩特：内蒙古农业大学.

张军，覃志豪，李文娟，等，2011. 1949—2009 年中国粮食生产发展与空间分布演变研究 [J]. 中国农学通报，27（24）：13 - 20.

张琦，李军，2018. 山东省苹果产业的区域比较优势研究 [J]. 天津农业科学，24（4）：10 - 13.

张强强，霍学喜，2021. 苹果经营代际传递意愿及其影响因素分析——基于山东和陕西

1 012 个苹果户的调查数据 [J]，干旱区资源与环境，35（3）：52-57.

张强强，霍学喜，刘军弟，等，2016. 世界苹果产销格局及市场动态预测分析 [J]. 世界农业（7）：147-152.

张强强，闫贝贝，施凡基，等，2019. 1978—2016 年中国水果增产格局及贡献因素研究 [J]. 干旱区资源与环境，33（10）：65-71.

张怡，王兆华，2018. 中国花生生产布局变化分析 [J]. 农业技术经济（9）：112-122.

张怡，2014. 中国花生生产布局变动解析 [J]. 中国农村经济（11）：73-82.

张怡，2015. 中国花生生产布局变化研究 [D]. 北京：中国农业大学.

张永茂，马明，逯国文，2009. 甘肃苹果的产业地位分析与发展建议 [J]. 甘肃农业（12）：65-66.

张有望，章胜勇，2016. 中三角地区柑橘生产的空间布局变迁及影响因素分析 [J]. 农业现代化研究，37（4）：687-693.

张宇翔，2020. "十四五"时期优化农业生产布局的思考与建议 [J]. 宏观经济管理（8）：6-12.

张元元，2009. 栽培苹果（Malus domestica Borkh.）及其近缘种间的分子谱系关系研究 [D]. 重庆：西南大学.

张振，乔娟，2011. 中国生猪生产布局影响因素实证研究——基于省级面板数据 [J]. 统计与信息论坛，26（8）：61-67.

章胜勇，2005. 中国油料作物比较优势及生产布局研究 [D]. 武汉：华中农业大学.

赵颖文，赵剑，2020. 我国粮食种植业地理集聚态势研究：测度分析、时空特征与发展对策 [J]. 农村经济（7）：86-93.

赵玉山，2016. 我国苹果产销市场分析 [J]. 科学种养（6）：5-7.

郑小平，穆维松，田东，2014. 中国葡萄生产区域布局变迁及影响因素分析 [J]. 中国农业资源与区划，35（4）：89-93.

中共中央 国务院，2021. 关于全面推进乡村振兴加快农业农村现代化的意见 [EB/OL]. http://www.gov.cn/zhengce/2021-02/21/content_5588098.htm.

中华人民共和国农业部种植业管理司，2007. 中国苹果产业发展报告：1995—2005 [M]. 北京：中国农业出版社.

钟甫宁，刘顺飞，2007. 中国水稻生产布局变动分析 [J]. 中国农村经济（9）：39-44.

钟甫宁，胡雪梅，2008. 中国棉花生产区域格局及影响因素研究 [J]. 农业技术经济（1）：4-9.

周曙东，孟桓宽，2017. 中国花生主产区种植面积变化的影响因素 [J]. 江苏农业科学，

45（13）：250 - 253.

周曙东，景令怡，孟桓宽，等，2018. 中国花生主产区生产布局演变规律及动因挖掘［J］. 农业技术经济（3）：100 - 109.

周新德，2009. 基于生命周期阶段的农业产业集群形成和演化机理分析［J］. 经济地理，29（7）：1134 - 1138.

朱大威，葛灿苡，朱方林，2020. 江苏省蔬菜生产比较优势的时空变化分析［J］. 中国农业资源与区划，41（10）：101 - 108.

朱海燕，刘学忠，2019. 中国苹果产业的新旧动能转换研究——基于 C - D 单产函数模型［J］. 干旱区资源与环境，33（4）：61 - 67.

朱晶，李天祥，林大燕，等，2013. "九连增"后的思考：粮食内部结构调整的贡献及未来潜力分析［J］. 农业经济问题，34（11）：36 - 43.

朱启荣，2009. 中国棉花主产区生产布局分析［J］. 中国农村经济（4）：31 - 38.

朱有志，蓝万炼，2003. 农业产业空间转移论［M］. 长沙：湖南人民出版社.

Adam S，2012. 国富论：英文版［M］. 北京：中央编译出版社.

Ang B W，2004. Decomposition Analysis for Policymaking in Energy：Which is the Preferred Method?［J］Energy Policy，32（9）：1131 - 1139.

Ang B W，Liu N，2007. Handling Zero Values in the Logarithmic Mean Divisia Index Decomposition Approach［J］. Energy Policy，35（1）：238 - 246.

Anselin L，1995. Local Indicators of Spatial Association：Lisa［J］. Geographical Analysis，27（2）：93 - 115.

Anselin L，Gallo J L，Jayet H，2008. Spatial Panel Econometrics［M］. Berlin：Springer.

Basso B，Bertocco M，Sartori L，et al.，2007. Analyzing the Effects of Climate Variability on Spatial Pattern of Yield in a Maize - Wheat - Soybean Rotation［J］. European Journal of Agronomy，26（2）：82 - 91.

Behrens K，Murata Y，2007. General Equilibrium Models of Monopolistic Competition：A New Approach［J］. Journal of Economic Theory，136（1）：776 - 787.

Daniel K，Kilkenny M，2010. Agricultural Subsidies and Rural Development［J］. Journal of Agricultural Economics，60（3）：504 - 529.

Duranton G，Puga D，2003. Micro - Foundations of Urban Agglomeration Economies［J］. NBER Working Paper Series，w9931（4）：2063 - 2117.

Duranton G，Puga D，2005. From Sectoral to Functional Urban Specialisation［J］. Journal of Urban Economics，57（2）：343 - 370.

Ellison G，Glaeser E L，Kerr W R，2010. What Causes Industry Agglomeration? Evidence from Coagglomeration Patterns [J]. American Economic Review，100 (3)：1195 - 1213.

Food and Agriculture Organization (FAO)，2020. FAOSTAT [OL]. http：//www. fao. org/faostat/en/#data/QC

Forslid R，Wooton I，2010. Comparative Advantage and the Location of Production [J]. Review of International Economics，11 (4)：588 - 603.

Freshwater D，1999. Rural America at the Turn of the Century One Analyst's Perspective [J]. Rural America (3)：1 - 17.

Fujita M，2000. Thunen and the New Economic Geography [J]. Regional Science & Urban Economics，42 (6)：907 - 912.

Fujita M，Ogawa H，1982. Multiple Equilibria and Structural Transition of Non - Monocentric Urban Configurations [J]. Regional Science and Urban Economics，12 (2)：161 - 196.

Fujita M，Krugman P，2004. The New Economic Geography：Past，Present and the Future [M]. Berlin：Springer.

Gafar J，2006. The Supply Response for Sugar Cane in Trinidad and Tobago：Some Preliminary Results [J]. Applied Economics，19 (9)：1221 - 1231.

Glaeser E L，Rosenthal S S，Strange W C，2010. Urban Economics and Entrepreneurship [J]. Journal of Urban Economics，67 (1)：1 - 14.

Glaeser E L，2010. Agglomeration Economics [M]. Chicago：The University of Chicago Press.

Grether J，Mathys N A，2010. Is the World's Economic Centre of Gravity Already in Asia? [J]. Area，42 (1)：47 - 50.

Griffith D A，1987. Spatial Autocorrelation：A Primer，Resource Publications in Geography [M]. Washington：Association of American Geographers.

Heckscher E F，1919. The Effect of Foreign Trade on the Distribution of National Income [J]. Ekonomisk Tidskrift，497 - 512.

Hu A，Sun J，2015. Agglomeration Economies and the Match between Manufacturing Industries and Cities in China [J]. Regional Science Policy & Practice，6 (4)：315 - 327.

Hubbell B，Welsh R，Carpentier C L，2003. Agro - Food System Restructuring and the Geographic Concentration of Us Swine Production [J]. Environment and Planning A：

Economy and Space, 35 (2): 215 - 229.

Kojima K, 2000. The 'Flying Geese' Model of Asian Economic Development: Origin, Theoretical Extensions, and Regional Policy Implications [J]. Journal of Asian Economics, 11 (4): 375 - 401.

Krugman P, 1991. Increasing Returns and Economic Geography [J]. Journal of Political Economy, 99 (3): 483 - 499.

Krugman P, Elizondo R L, 1992. Trade Policy and the Third World Metropolis [J]. Journal of Development Economics, 49 (1): 137 - 150.

Krugman P, 1993. On the Number and Location of Cities [J]. European Economic Review, 37 (2): 293 - 298.

Lorenz M O, 1907. Constant and Variable Railroad Expenditures and the Distance Tariff [J]. Quarterly Journal of Economics, 21 (2): 283 - 298.

Melitz M J, 2003. The Impact of Trade on Intra - Industry Re - Allocation and Aggregate Industrial Productivity [J]. Econometrica, 71 (6): 1695 - 1725.

Monfort P, Nicolini R, 2000. Regional Convergence and International Integration [J]. Journal of Urban Economics, 48 (2): 286 - 306.

Ohlin B G, 1933. Interregional and International Trade [J]. Journal of Political Economy, 35 (139): 312.

Ottaviano G I P, 2011. 'New' New Economic Geography: Firm Heterogeneity and Agglomeration Economies [J]. Journal of Economic Geography, 11 (2): 231 - 240.

Puga D, 1999. The Rise and Fall of Regional Inequalities [J]. European Economic Review, 43 (2): 303 - 334.

Ricardo D, 1821. On the Principle of Political Economy and Taxation [M]. London: John Murray.

Sridharan S, Tunstall H, Lawder R, et al, , 2007 An Exploratory Spatial Data Analysis Approach to Understanding the Relationship between Deprivation and Mortality in Scotland [J]. Social Science & Medicine, 65 (9): 1942 - 1952.

Starrett D, 2006. Market Allocations of Location Choice in a Model with Free Mobility [J]. Journal of Economic Theory, 17 (1): 21 - 37.

Stokey N L, 1991. Human Capital, Product Quality, and Growth [J]. The Quarterly Journal of Economics, 106 (2): 587.

Tobler W, 1979. Cellular Geography. In: Gale S, Olsson G (Eds), Philosophy in

Geography [M]. Holland: D. Reidel Publishing Company.

Xiao F, Yuan S, Dong R, et al. , 2016. Analysis of Urbanization Based on Center – of – Gravity Movement and Characteristics in Songhua River Basin of China and its Southern Source Sub – Basin between 1990 and 2010 [J]. Chinese Geographical Science, 26 (1): 117 – 128.

Xiao Z, Huang X, Zang Z, et al. , 2018. Spatio – Temporal Variation and the Driving Forces of Tea Production in China over the Last 30 Years [J]. Journal of Geographical Sciences, 28 (3): 275 – 290.

Yang C, Lin H, Li H, 2013. Influences of Production and R&D Agglomeration on Productivity: Evidence from Chinese Electronics Firms [J]. China Economic Review, 27: 162 – 178.

Young A, 1991. Learning by Doing and the Dynamic Effects of International Trade [J]. The Quarterly Journal of Economics, 106 (2): 369 – 405.

Zhou H T J, 2016. Changes and Influencing Factors of Maize Production Pattern in China [J]. Asian Agricultural Research, 8 (3): 47 – 53.

　　本书是在改革开放以来中国苹果生产布局发生重大变化的历史背景下，以"中国苹果生产布局演变与优势评价研究"为题，旨在梳理1978年以来中国苹果生产布局的演变规律及其驱动因素，评价现阶段中国苹果生产布局的合理性及存在问题，并研究和设计进一步优化中国苹果生产布局的建议方案。

　　虽然学界已有文献采用不同的研究方法，从全国或省域等不同空间尺度分析了某一时期内中国苹果生产区域格局变迁特征，但由于研究的时间区间、数据处理方法、衡量指标选取等不同，所得研究结论差异较大，难以全面反映1978年中国苹果产业市场化改革以来的生产格局演变及集聚特征。同时，缺乏对中国苹果生产布局合理性的评价。鉴于此，本书将研究时间拓展到1978年，从全国和省域两个视角分析中国苹果生产时空格局动态演进趋势及集聚特征，并运用地理分析方法和空间计量模型将空间互动效应纳入中国苹果生产时空格局动态演进驱动因素的分析框架中，探究影响中国苹果生产布局集聚的驱动因素，并从比较优势、产销地理联系、区位熵等视角评价了中国苹果生产布局的合理性，最后提出优化与调整苹果生产布局和制度安排、稳定与提升中国苹果生产水平的政策建议。

　　本书在理论上论证中国苹果生产布局的合理性，有助于增强对中国苹果生产布局问题的判断力与解释力，对重新规划与优化中国苹果生产布局提供整体方案和政策，研究成果对于拓展农业空间经济学和农业生产布局研究具有一定的理论价值。本书在实践应用层面针对中国苹果生产供给侧结构性改革与乡村振兴战略任务，分析地区间工业化和城镇化进程以及产业和区域间经济发展水平等外部环境和资源禀赋差异引致的苹果生产空间分布格局变化，归纳和剖析其演变特征及驱动因素，并对中国苹果生产布局进行优势评价。研究成果可以为国家制定科学有效的苹果生产和贸易政策提供理论依据、规划思路、规划方案，而且对指导优化苹果生产布局方案、实施优化的布局方案，提出全国性及区域性的苹果产业布局与监管政策具有现实意义。

　　本书是我自 2015 年进入西北农林科技大学经济管理学院后，在硕博连读期间的主要研究内容之一，也是我博士学位论文研究的主要问题。如今回首书稿完成历程，其中艰辛与收获仍然历历在目。在本书的写作过程中，我经历了选题定章的困惑、搜集数据的艰辛、书稿撰写的苦楚、申请出版的焦虑。同时，我也收获了弥足珍贵的师生恩情、温暖如家的同门情义、共苦相助的同窗友谊。在本书后记，特撰文致谢，敬谢在本书完成过程中给予我关心、鼓励与支持的老师们、同门们、同仁们和家人。

　　首先，我要满怀诚挚地感谢我的硕博恩师霍学喜教授。回首书稿的撰写时光，从选题、撰写到修改，都离不开恩师的悉心指导、谆谆教诲和大力支持。难忘恩师思考问题的独到见解、难忘恩师阅改论文的蓝字标记、难忘恩师勤学善思的工作作风、难忘恩师关键时刻的鼎力帮助……正是恩师即穷验问的科研精神、严谨认真的治学态度、勤读力耕的职业素养、服务"三农"的实践情怀、谦逊谨慎的处世之道，给予了我在学术和人生道路上砥砺前行的勇气与信心。恩师讲授的《科研方法论》和《英文科技论文写作》让我更加清晰地认识到了"什么是科学问题"和"如何做科学研究"，为我后期的学术研究指明了方向。恩师独创的"霍氏五步法"对我分析和研究科学问题终生受用，恩师规范的学术训练让我具备了独立科学研究的基本能力，我将以此为动力，在今后的科研道路上继续寻找和挖掘自己的"科学问题"。恩师的言传身教不仅教会了我从事科研的知识与技能，更教会了我为人处事的方式与道理，在以后漫长的人生道路上，我将受益匪浅。

　　真诚感谢在本书撰写期间对我提供帮助与支持的各位老师，也感谢朱玉春教授、姚顺波教授、郑少锋教授、李世平教授、陈伟副教授和同海梅老师等专家学者对本书提出的宝贵意见与建议，正是这些宝贵意见与建议助力我改进和完善本书。真诚感谢国家现代苹果产业技术体系产业经济研究室和西北农林科技大学西部农村发展研究中心的刘天军教授、阮俊虎教授、刘军弟副教授、邵砾群副教授、闫小欢副教授和闫振宇副教授等老师在本书理论框架设计、实证数据搜集、指标方法论证、研究结果解释等过程中提供的帮助与支持，正是您们在我学习和生活中遇到困顿时的热心帮助和大力支持，鼓舞和坚定了我完成本书的信心。非常感谢各位同门在本书方案设计、结构优化、数据搜集、文字修改等方面提供的宝贵意见与得力帮助。真诚感谢在调研方案设计与数据收集过程中为我提供热心帮助的国家现代苹果产业技术体系从业人员以及调研团队成员。

　　衷心感谢在生活与学业上默默支持我的家人们，如果没有你们的付出与关心，我就不能专心钻研学术，更不能按时顺利完成本书，正是你们背后无私的奉献，才为我创造了展翅高飞的机会。非常感谢女朋友吴溪溪在本书修改过程中的付出与陪伴，坚定了我继续坚持的耐心与信心，谢谢你。

　　最后，由于个人学识有限，本书难免有需要改进之处，欢迎广大读者及学界同仁批评指正，以利改进。

张强强

二〇二二年六月于北京

图书在版编目（CIP）数据

中国苹果生产布局演变与优势评价研究 / 张强强，
霍学喜著. —北京：中国农业出版社，2023.9
（中国"三农"问题前沿丛书）
ISBN 978-7-109-30370-6

Ⅰ.①中…　Ⅱ.①张…②霍…　Ⅲ.①苹果—生产布
局—研究—中国　Ⅳ.①F326.13

中国国家版本馆 CIP 数据核字（2023）第 017057 号

中国农业出版社出版

地址：北京市朝阳区麦子店街 18 号楼
邮编：100125
责任编辑：闫保荣　文字编辑：何　玮
版式设计：杜　然　责任校对：吴丽婷
印刷：北京中兴印刷有限公司
版次：2023 年 9 月第 1 版
印次：2023 年 9 月北京第 1 次印刷
发行：新华书店北京发行所
开本：700mm×1000mm　1/16
印张：10
字数：158 千字
定价：68.00 元